T0113310

LAS TRES ETAPAS DEL
CRECIMIENTO ESPIRITUAL

LAS TRES ETAPAS DEL
CRECIMIENTO ESPIRITUAL

TONY CHEVEZ

Número de Control de la Biblioteca del Congreso de EE. UU.:		2016904949
ISBN:	Tapa Dura	978-1-5065-1329-4
	Tapa Blanda	978-1-5065-1330-0
	Libro Electrónico	978-1-5065-1331-7

Información de la imprenta disponible en la última página.

Fecha de revisión: 22/04/2016

Para realizar pedidos de este libro, contacte con:
Palibrio
1663 Liberty Drive
Suite 200
Bloomington, IN 47403
Gratis desde EE. UU. al 877.407.5847
Gratis desde México al 01.800.288.2243
Gratis desde España al 900.866.949
Desde otro país al +1.812.671.9757
Fax: 01.812.355.1576
ventas@palibrio.com
737638

INDICE

ESTE LIBRO ES DEDICADO A

_____

DEPARTE

DE _____

AGRADECIMIENTOS

ESTE LIBRO LO quiero dedicar, primeramente, a mi señor y salvador Jesucristo. sin El no hubiera sido posible conocer la verdadera libertad en la que he podido andar y caminar, todos estos años desde que conoci a Cristo. El me salvo y continúa sosteniéndome con su abundante gracia, mi mayor bendición es conocerlo y darlo a conocer. El es la razón de mi vida y de mis escritos, y una bendición servirle hasta el dia de hoy.

Quiero agradecer a mi amada esposa por su paciencia y amor al señor y estar a mi lado en el dolor, y la alegría, y siempre animándome a seguir adelante en el señor a mis dos preciosos hijos que son mi inspiración y que Dios me ha regalado a David chevez que es el ministro que estoy preparando para pasarle la antorcha del evangelio y siga predicando esta palabra de poder a mi princesa Keren chevez que es la salmista y princesa que le canta al señor. A mi querida madre y mis cinco hermanas ya que como único varon y sin tener un padre al lado nuestro, mi madre se esforzó para criarnos con la ayuda del señor y nunca nos abandono siempre ha estado apoyándonos a seguir siempre adelante con la ayuda del señor gracias mama.

A Dios sea la gloria seguimos peleando la batalla de la fe hasta que la muerte llegue o el arrebatamiento de la iglesia llegue, pero en ambas situaciones estar en la presencia del señor siempre, es la promesa que el señor prometio y no fallara. 1 tesalonisenses 4:13-18

También quiero agradecer a muchos pastores, Evangelistas, salmistas, misioneros y ministros del señor que siempre nos han apoyado en el ministerio. entre ellos A mi pastor Ronald cardenas y familia, al pastor miguel y margarita Ortiz por sus consejos y siempre estar apoyándonos en todo momento, a los pastores Wilfredo y Susana Nolasco por su apoyo a este ministerio, al reverendo Ernesto Gil y su amada esposa por su apoyo y sus consejos. A los pastores William y Roxana Navas y a los pastores Luis y Flor Rodriguez por su apoyo hacia este ministerio. Al Reverendo Heber David Paredes y su amada esposa Luz Paredes por su apoyo y consejos y animándonos a seguir siempre adelante.

Y también mi agradecimiento muy especial a los señores Roger y Libertad Ricci y familia. Quienes han sido mis jefes por mas de 15 años en la compañía de construcción donde trabajo y han visto mi testimonio en el ámbito secular y me han apoyado para la realización de este libro y han sido una gran bendición para mi vida y familia.

A Mr. Tommy Doan y familia por toda su colaboración y ayuda para la realización de este libro.

PROLOGO

L A BIBLIA ES Palabra de Dios infalible, inerrante, inalterable y toda suficiente, en este libro escrito por mi amigo el evangelista Tony Chevez, queda demostrado una vez más, que la Palabra de Dios, no necesita ser re escrita sino solo leída, meditada y vivida y para vivir conforme a lo ordenado por Dios, su llamado esta resumido en Job 22: 21 Vuelve ahora en amistad con él, y tendrás paz; Y por ello te vendrá bien.

Un privilegio de Dios que Tony Chevez, su esposa Glenda, su hija Keren y David que ha seguido los pasos de su padre como evangelista, predicando en diferentes estados de La Unión Americana y a través de Radio El Shaddai tiempos finales por internet que dirigen en su programación, predicando al mundo entero.

Tony Chevez con el dinamismo que le caracteriza, dejo su patria Honduras para venir a Estados Unidos con metas propias e ilusiones que sepulto al morir al yo, y ahora Biblia en mano nos ayuda a comprender el estado de la humanidad sin Dios, que van cegados espiritualmente, con un comportamiento como hombre animal o natural, nos da una descripción de quien es el hombre carnal, y él nos da un concepto de quien es el hombre espiritual.

Nos dice que un hombre natural o animal es el que vive para sí mismo el aquí y el ahora, es gobernado por su intelecto y emociones, no eleva sus ojos al cielo ni piensa en Dios y menos en la eternidad, una mente natural va criticando y creyendo que quienes sirven a Dios desvarían en su mente.

Procede también Tony a explicarnos teológicamente quien es un hombre carnal, difiriendo del hombre natural siendo este un niño en Cristo que conoce a Dios, pero escoge el no crecer espiritualmente, desea hacer el bien, pero termina haciendo el mal que no quiere hacer, y se deja influenciar en su mente por el diablo, va por la vida disfrutando de los placeres que le ofrece este mundo, viviendo más para él mismo, que para agradar a Dios.

Continúa en sus escritos presentándonos las características del hombre que Dios desea, que es capaz de crecer y fructificar, el hombre espiritual, aquel que tiene su vida y pensamientos concentrados en Cristo Jesús, que se deja guiar y juzga basado en el Espíritu, es un recipiente de los dones del Espíritu y ejercita los dones a favor de la iglesia. El Espíritu Santo produce en él, los frutos del Espíritu y es un canal de bendición en el que el Espíritu produce obras a favor de la iglesia, el mismo Espíritu le cubre, le protege para que el diablo no le pueda tocar y hacerle pecar.

Nos instruye a mantenernos en crecimiento espiritual, que se logra por medio de la lectura de La palabra de Dios, sin dejar de congregarse, viviendo una vida practica para agradar a Dios.

Reverendo Heber D. paredes es pastor de la
Iglesia Roca De La Eternidad De Asambleas De Dios
Y también es Presbitero de la Sección Columbia del Distrito Hispano del este de las Asambleas de Dios. Director del programa impacto de poder que se transmite en varias ciudades del noreste de la unión americana y varios países de centro america. www.rocadelaeternidad.org

Este libro que esta usted leyendo en este momento no es una casualidad, Dios tiene planes de bien y no de mal para su vida. mi deceo de todo corazón es que usted lea este libro hasta el final y pueda entender la necesidad de conocer al señor y crecer en la vida espiritual para poder entrar en el reino de Dios.ya que solo Dios es el que da el crecimiento en nuestra vida si le damos la oportunidad

Como dice en 1 corintios 3:7 asi que ni el que planta es algo, ni el que riega, sino Dios, que da el crecimiento.

El permitirme el señor de visitar muchos lugares compartiendo la palabra en retiros, campamentos, Campañas evangelisticas, impartiendo seminarios, conferencias matrimoniales y como maestro de instituto bíblico he podido notar la necesidad que hay dentro de la iglesia de hoy en el crecimiento espiritual de cada persona que acepta a cristo como su único y suficiente salvador de sus vidas, luego se bautizan, participan de la santa cena, se congregan en una iglesia y empiezan a recibir uno, dos y hasta tres y cuatro cargos dentro de la iglesia y pasan los años diez, veinte y muchos mas dentro de una iglesia y se puede notar el cansancio y el stress de la persona y muchos al no soportar la presión del servicio se cambian de iglesia buscando donde sentirse bien y poder servir pero la verdad es que visitan muchas iglesias y al final se frustran porque no han encontrado la iglesia perfecta, y muchos de estos hermanos como no han crecido espiritualmente y enseñados en la palabra del señor traicionan a sus pastores y se llevan a varios hermanos engañados y dividen las iglesias y abren una nueva iglesia y se repite el ciclo una otra vez y estos hermanos nunca quisieron ni pudieron crecer en el conocimiento y la gracia de nuestro señor Jesucristo ya que el señor nos llamo a crecer espiritualmente y no ser solo niños llevados por cualquier viento de doctrina. recuerda que no podemos pasar tres horas viendo Facebook y muchas redes sociales y luego leer la biblia durante tres minutos y esperar crecer espiritualmente. eso nunca sucederá. Como dice la biblia dice en oseas 4:6 mi pueblo perece por falta de conocimiento y el conocimiento de Dios esta en su palabra, y debido a eso he querido departe de Dios compartir con ustedes este libro que tiene en sus manos esperando que sea de mucha bendición para su vida, y al leerlo haga como cuando estamos comiendo pescado frito. coma la carne y deje las espinas. O sea, tome lo que le edifique para su vida y haga a un lado lo que no le edifique, mi deceo es que Dios le bendiga y le muestre la nesecidad que tenemos de crecer espiritualmente y nacer de nuevo para poder entrar en el reino de los cielos. recuerda que te ira mucho mejor en la vida, según mejores tu relación con Dios, y que cada fracaso en tu vida es un capitulo mas en la historia de nuestra vida y una lección que nos ayuda a crecer. no te dejes desanimar por los fracasos, aprende de ellos, y sigue adelante. Amen.

Las tres categorías del hombre

1 Corintios 2: 11- 14 Porque ¿quién de los hombres sabe las cosas del hombre, Sino el espíritu del hombre que está en él? Así tampoco nadie conoció las cosas de Dios, sino el Espíritu de Dios. 12 Y nosotros no hemos recibido el espíritu del mundo, sino el Espíritu que proviene de Dios, para que sepamos lo que Dios nos ha concedido.

INTRODUCCIÓN

E N EL PRINCIPIO todo fue creado perfecto el hombre fue creado por Dios a su imagen y conforme a su semejanza [Genesis 1:26] para mantener una relación de amistad y amor con su creador, la responsabilidad de todo lo creado en la tierra estaba en las manos del hombre recién creado.hasta que usando su libre albendrio, tanto eva como adan prefirieron romper su relación con Dios al decidir creer las promesas mentirosas del diablo.[Genesis3:1-4]la decisión del hombre de obedecer al diablo antes que a Dios fue tomada en perfecto uso de su libertad, de su voluntad y conocimiento, por lo tanto había responsabilidad y consecuencias. esa decisión motivo la ruptura eterna de relación entre la criatura y su creador, por todo ello, la desobediencia de la mujer y luego la del hombre [Genesis 3:6] desencadeno maldición sobre toda la tierra hasta el dia de hoy. [Genesis 3:17:19]

El hombre se condeno a si mismo al romper unilateralmente su vinculo con Dios su creador, y es una de las consecuencias del mal uso de la libertad y de la voluntad que le fueron otorgadas al hombre, desde ahí dejo de ser un hombre espiritual a convertirse en un hombre natural donde su corazón no regenerado lo lleva a revelarce en contra de Dios, no hay hombre o mujer en la tierra que sean buenos, la biblia dice las intenciones del corazón del hombre es malo desde su juventud [Génesis 8:21]eso quiere decir que desde que el ser humano tiene uso de razón, peca y es un pecador.

Eclesiastés 7:20 dice la biblia ciertamente no hay hombre justo en la tierra, que haga el bien y nunca peque' y sigue diciendo en romanos 3:10-12 como esta escrito: no hay justo, ni aun uno; no hay quien entienda, no hay quien busque a Dios, todos se desviaron, a una se hicieron inútiles; no hay quien haga lo bueno, no hay ni siquiera uno.

Cuando utilizo la palabra hombre nos es que me estoy refiriendo solo al varón, al utilizar hombre me estoy refiriendo a la mujer también al ser humano que Dios creo a su imagen y semejanza.

Quiero compartir con usted tres pasajes bíblicos como puntos de apoyo a lo que explicaré en este libro que usted tiene en sus manos.

1Corintios 2:14 dice, la biblia, pero el hombre natural no percibe las cosas que son del Espíritu de Dios, porque para él son locura, y no las puede entender, porque se han de discernir espiritualmente.

1Corintios 2:15 en cambio el espiritual juzga todas las cosas; pero él no es juzgado de nadie.

1Corintios 3:1 de manera que yo, hermanos, no pude hablaros como a espirituales, sino como a carnales, como a niños en cristo.

En estos pasajes leídos podemos darnos cuenta que al hombre se le divide en tres categorías. Estas categorías definen la forma en que todo hombre será juzgado. No importa a cuál iglesia pertenezcamos, o que concilio usted pertenezca lo que hayamos hecho sobre la tierra, el destino eterno depende de la categoría en la cual nos encontramos.

1 de juan 5:7 dice la palabra porque tres son los que dan testimonio en el cielo: el Padre, el Verbo[hijo] y el Espiritu Santo; y estos tres son uno. por eso la palabra de Dios, trata al hombre como un ser tripartito, compuesto por espíritu, alma

y cuerpo es decir que el hombre es espíritu tiene un alma y vive en un cuerpo.

1 tesalonicenses 5:23 dice y el mismo Dios de paz os santifique por completo; y todo vuestro ser espíritu, alma y cuerpo sea guardado irreprensible para la venidad de nuestro señor Jesucristo. En este versículo que leimos vemos claramente que el hombre o mujer esta compuesto de tres partes y la mas importante es el espíritu, por eso es mencionada primero. todo nuestro ser, espíritu, alma y cuerpo, mientra que el hombre no tiene una clara distinción entre el espíritu y el alma la biblia dice claramente en hebreos 4:12 porque la palabra de Dios es viva y eficaz, y mas cortante que toda espada de dos filos; penetra hasta la partir el alma y el espíritu, las coyunturas y los tuétanos, y discierne los pensamientos y las intenciones del corazón. en génesis capitulo 2:7 dice entonces jehova Dios formo al hombre del polvo de la tierra, y soplo en su nariz aliento de vida, y fue el hombre un ser viviente.

Cuando dice. formo al hombre del polvo de la tierra, se refiere al cuerpo del hombre.

Y cuando dice, soplo en su nariz aliento de vida, se refiere al Espiritu de Dios, que vive en el hombre. Y fue el hombre un ser viviente, se refiere al Alma del hombre, es el espíritu del hombre el que sustenta y da vida al cuerpo, por lo tanto, podemos entender que cuerpo mas Espiritu es igual a Alma viviente. de manera que, si el alma del hombre quiere obedecer a Dios, permitirá que el espíritu gobierne al hombre según lo ordenado por Dios, pero el alma también puede revelarce al espíritu y no hacer o obedecer lo que el espíritu le manda o ordena. Como dice el libro de santiago 2:26 porque como el cuerpo sin espíritu esta muerto, asi también la fe sin obras esta muerta.

Eclesiastés 12:14 porque Dios traerá toda obra a juicio, juntamente con toda cosa encubierta, sea buena o sea mala. Examinemos y comprendamos juntos en más detalles las tres categorías:

CAPITULO 1

El Hombre Natural o Animal

El hombre natural esta muerto espiritualmente y
su destino final sin Dios es el infierno y no puede
entrar al cielo por causa de su naturaleza pecadora
y su desobediencia es por eso la urgencia que el
hombre nesecita reconsiliarce con su creador,
la comunión con Dios que perdió en el jardín
del eden por causa del pecado, ahora puede
recuperarlo atravez de jesus por el sacrificio de la
cruz nos reconcilia nuevamente con el Padre.

Colosenses 2:14 anulando el acta de los decretos
que había contra nosotros, que nos era contraria,
quitándola de en medio y clavándola en la cruz.

EL HOMBRE NATURAL es el hombre 'siquikos'
este termino procede de la palabra griega 'sique'
que significa alma esto se refiere al hombre en un estado
inconverso, natural. El vive por sus sentidos o sea no tiene
contacto con Dios. el hombre natural vive de acuerdo con lo
natural, su intelecto y sus emociones lo gobiernan.

Adan peco contra Dios, y asi trajo ruina y culpa a todos
sus descendientes. toda la raza humana fue hundida en el
pecado por Adan,

Como esta escrito en la biblia romanos 5:12 por tanto,
como el pecado entro en el mundo por un hombre, y por el

pecado la muerte, asi la muerte paso a todos los hombres, por cuanto todos pecaron.

Porque asi como por la desobediencia de un hombre los muchos fueron constituidos pecadores, asi también por la obediencia de uno, los muchos serán constituidos justos. romanos 5:19

Toda la raza humana peco en Adan, y todo ser humano en la tierra heredo la naturaleza pecadora de Adan. asi es como toda la humanidad llego al estado natural.

Cuando hablamos del hombre natural nos referimos a una persona del mundo que puede ser no solo borrachos o fornicarios sino aquellos hombres inteligentes y refinados, y religiosos que viven en esta tierra pero que está muerta espiritualmente, enemigos de Dios si no se arrepienten de sus pecados

Hoy en dia no solo podemos ver hombres naturales en este mundo sino dentro de la iglesia también ya que hay muchos que se oponen a la palabra de Dios no la aceptan como palabra infalible que cambia y transforma vidas, son personas que tienen una mente natural enemiga de Dios llena de ansiocidad personal, odio, antipatía, y oposición contra Dios, muchos en publico y otros secretamente las rechazan, ¿seamos onestos no es verdad que tu no sientes gozo al leer la biblia? ¿La lees solo por obligación? ¿te acercas a Dios en oracion? ¿Disfrutas la oracion? Y si tu no disfrutas leer la biblia con gozo y te acercas a Dios en oración. entonces es una prueba que todavía eres un hombre natural. ¿Cuando vienes a la iglesia vienes con gozo, buscando que Dios te hable atravez de su palabra y use al predicador para hablar a tu vida? O dedicas el tiempo en otras cosas y te aburres con los mensajes y no comprendes nada de la palabra del señor.

Es una prueba de que tu en el estado natural no percibes las cosas del Espiritu de Dios. por que Dios es espíritu y busca adoradores que le adoren en espíritu y verda.

Y esto solo se logra espiritualmente, al nacer de nuevo para acercarnos Dios.

Una persona natural es alguien que tiene más fuerte el mundo en su vida que el Espíritu de Dios en él.

Y que está bajo el dominio del maligno como lo dice la biblia en 1 juan 5:19 sabemos que somos de Dios, y el mundo entero está bajo el maligno.

Significa que toda persona natural está muerta espiritualmente y el maligno les tiene cegado el entendimiento para que no entiendan a la verdad del evangelio. Que es poder de Dios para dar vida y vida en abundancia. 1 Corintios 1:18 Porque la palabra de la cruz es locura a los que se pierden; pero a los que se salvan, esto es, a nosotros, es poder de Dios.

1 Corintios 2: 14 "Pero el hombre natural no percibe las cosas que son del Espíritu de Dios, porque para él son locura, y no las puede entender, porque se han de discernir espiritualmente."

El hombre natural vive de acuerdo con lo natural. Su intelecto y sus emociones lo gobiernan. Nunca ha nacido de nuevo. El hombre natural no está despierto a las cosas espirituales. No puede entender lo espiritual porque no es racional. La palabra de Dios, sus promesas, su gracia y la fe son cosas incomprensibles para el hombre natural.

Efesios 2:1-3 y él os dio vida a vosotros, cuando estabais muertos en vuestros delitos y pecados, 2- en los cuales anduvisteis en otro tiempo, siguiendo la corriente de este mundo, conforme al príncipe de la potestad del aire, el espíritu de que ahora opera en los hijos de desobediencia.

3 entre los cuales también todos nosotros vivimos en otro tiempo en los deseos de nuestra carne, haciendo la voluntad de la carne y de los pensamientos y éramos por naturaleza hijos de ira, lo mismo que los demás.

"muerto" significa que no tiene relación o acción con algo.

"corriente de este mundo" corriente es este siglo o camino por donde va, las preocupaciones, tentaciones, y deseos del mundo presente.

El mundo del hombre natural es limitado por su entendimiento finito y sus sentimientos. El hombre natural no puede entrar en el reino de Dios porque en él no hay lugar para lo racional. Jesús dijo en,

Juan 3:3 "De cierto, de cierto te digo, que el que no naciere de nuevo, no puede ver el reino de Dios"

Por eso el apóstol pablo se refirió a el hombre natural como el hombre animal la versión de reina Valera antigua dice así 1 corintios 2:14 más el hombre animal no percibe las cosas del Espíritu de Dios, porque le son locura: y no las puede entender, porque se han de examinar espiritualmente.

Y ese es el estado donde vive el hombre natural no percibe las cosas que son del Espíritu de Dios. Debido a su naturaleza caída, el hombre natural carece del deseo y la habilidad de aceptar y recibir las cosas que son del Espíritu de Dios, se guía solo por sus sentimientos, sus deseos y su mentalidad. Cree que puede valerse por sí mismo. Y siente que no necesita nada de nadie y mucho menos de Dios que ni siquiera puede ver. Está muerto a la dirección divina, y camina por la vida guiándose solo con sus sentidos. Su conciencia generalmente se encuentra endurecida, y siempre buscando la manera de justificar sus acciones.

Para el hombre natural o animal todo le es locura cuando se le presentan las cosas espirituales, las subestima como si fueran tonterías. El servir a Dios, obedecer su palabra, la manera de adorar, de orar, la gracia, el cielo, el infierno, la iglesia, los pastores y ministros para él, todo es locura si acaso lee la biblia, no la entiende o la interpreta mal, a su propia conveniencia. se burlará de las cosas de Dios, y la biblia, es probable que muestre cierta piedad exterior para la aceptación socio-religiosa, pero en el interior su espíritu está muerto y vacío. puede fingir para complacer a la familia, la cultura o por tradición, pero no existe una genuina relación con Dios. Porque para tener una relación con Dios tiene que discernirse espiritualmente el hombre natural está acostumbrado a solo usar su intelecto, esto lo limita a solo a tratar solo con las cosas que puede ver o le son lógicas, y se pueden explicar, sin embargo, la mente finita del hombre nunca podrá comprender al Dios infinito y eterno. Solamente hasta que comience a tener fe en el corazón y crea en la palabra de Dios, será entonces iluminado para examinar espiritualmente y pasara de muerte a vida.

Es por eso que el hombre natural puede pecar ante Dios sin sentirse culpable ya que su espíritu está muerto dentro de él.

En el caminar del hombre o la mujer natural ellos pueden adulterar, fornicar, mentir, robar, matar, consumir drogas, alcohol, vivir de fiesta en fiesta, casarse, divorsiarse, a ellos les da igual su consiencia esta muerta, saben que hay un Dios en los cielos que todo lo ve, pero prefieren vivir la vida en un mundo sin Dios y sin esperanza. Porque su naturaleza esta muerte recuerda que hay tres tipos de muerte

Una es la muerte espiritual cuando no hemos nacido de nuevo, la segunda muerte es la muerte natural cuando partimos de esta tierra el final de nuestra vida física

Y la tercera muerte es la segunda muerte donde la biblia nos dice en apocalipsis 20:14:15 donde el que no se encontró su nombre inscrito en el libro de la vida fue lanzado al lago de fuego esta es la muerte segunda. ¿Pero a estas personas al consultarles donde quiere pasar la eternidad cuando usted parta de esta tierra? La respuesta es quiero ir al cielo con jesus, es gente que quiere estar en el cielo, pero no quiere conocer a Dios aquí en la tierra lo rechazan, bíblicamente la respuesta es que no pueden ir al cielo, necesitan nacer de nuevo y si no nacen de nuevo no pueden entrar al reino de Dios. Si hubiera una línea telefónica para llamar al cielo y pudiéramos marcar al cielo y preguntaramos como puedo entrar alla en el cielo, nos responderían necesitas nacer de nuevo. Porque solo se puede entrar atravez de jesus, recibiendo el regalo de vida eterna reconociendo que jesus murió por nuestros pecados siendo crucificado en una cruz, aceptándole en nuestro corazón como único y suficiente salvador de nuestras vidas, confesándole con nuestra boca y creyendolo en nuestro corazon como dice la biblia en san juan 3:16 porque de tal manera amo Dios al mundo, que ha dado a su hijo unigenito, para que todo aquel que en el cree, no se pierda, mas tenga vida eterna.

Romanos 10:9:10 que, si confesares con tu boca que jesus es el señor, y creyeres en tu corazón que Dios le levanto de los muertos, seras salvo.10-porque con el corazón se cree para justicia, pero con la boca se confiesa para salvación.

El hombre natural jamas sentirá el peso del pecado sobre el si no nace de nuevo

Es como poner una piedra que pese mil libras de peso, sobre un cadáver el no sentirá el peso sobre él porque él está muerto, de la misma manera el hombre natural está muerto en su espíritu y no siente nada cuando peca y hace ofensas ante Dios.

Por eso la biblia dice en Isaías 64:6 si bien todos nosotros somos como suciedad, y todas nuestras justicias como trapo de inmundicia; y caímos todos nosotros como la hoja, y nuestras maldades nos llevaron como viento. El hombre natural no podrá justificarse ante Dios por sus obras, ya que la palabra dice que nuestras mejores obras de justicia son como trapos de inmundicia ante su presencia.

¿Cómo llego el hombre a este estado natural?

Todos han escuchado alguna vez la historia de Adán y Eva en el huerto del Edén. Dios creo al hombre a su imagen y a su semejanza. Mientras que el hombre le obedecía disfrutaba de comunión con él. Pero cuando desobedeció, cayo de la gloria de Dios porque cometieron pecado.

Romanos 5:12 nos dice que, por la desobediencia de Adán, el pecado entro al mundo, y la muerte paso a todos los hombres, por cuanto todos pecaron. Esto nos incluye a usted que lee este libro y a mí. Ahora, por el pecado de Adán, somos pecadores por naturaleza. Como la paga del pecado es muerte, estamos bajo sentencia de muerte. Por eso la biblia le llama condenación, el hombre natural es un pecador condenado a muerte no por lo que hace, si no por lo que es, un pecador.

Romanos 3;23 dice: por cuanto todos pecaron, están destituidos de la gloria de Dios.

Recuerda el hombre puede ser un ingeniero, abogado, científico, millonario, pobre, o de cualquier raza o lengua, mientras no conozca a Dios siempre vivirá en pecado y al morir no heredara la vida eterna si no la condenación eterna.

No es lo que hacemos lo que nos hace pecadores si no lo que somos por naturaleza, nacimos inocentes, pero la inclinación natural del hombre es hacia el pecado. En el mundo de hoy existen mucha gente buena y decente, pero es pecadora por herencia ya que el pecado lo heredamos de nuestros padres. Talvez muchos asistirán a la iglesia, den a los pobres y ayuden al necesitado, pero siguen siendo pecadores por naturaleza.

Romanos 3:10 nos dice que: no hay justo, ni aun uno, no hay quien entienda, no hay quien busque a Dios.

¿Ahora cómo salir de la condición de pecador natural?

Primero puede decidir vivir a su manera sin la ayuda de Dios y sin reconocer que es un pecador o ignorándolo toda su vida o sea no hacer nada, si haci lo hace entonces siempre será un pecador y vivirá bajo condenación; y tarde o temprano recibirá la paga por el pecado que hay en él, esto es la muerte. Romanos 6:23

O puede tambien regresar a Dios aceptando a Jesucristo como su único señor y salvador de su vida para que su nombre sea inscrito en el libro de la vida, esto es lo que significa ser salvo, permitir que Jesucristo nos salve de condenación eterna y castigo eterno. y que nuestro nombre este inscrito en el libro de la vida. como esta escrito en la biblia.

Apocalipsis 20:15 y el que no se hallo inscrito en el libro de la vida fue lanzado al lago de fuego. Te pregunto a ti, ¿en este momento esta tu nombre inscrito en el libro de la vida? Si tu respuesta es Si, entonces puedes entrar en el reino de los cielos.si tu respuesta es no entonces recibele en tu corazón el te llama por tu nombre y te pide que le des una oportunidad de entrar en tu corazón y mostrarte el plan que Dios tiene para tu vida y al final la vida eterna.

Así que si tú no lo has aceptado todavía recíbele como tu salvador y permite que su sangre te limpie de todo pecado.

Recibir a Jesucristo como tu único y suficiente salvador significa reconocer que el murió por nuestros pecados en la cruz del calvario

Y si lo aceptas en tu corazón entonces serás salvo.

Juan 1:12 dice que a todos los que creen en su nombre les dio la potestad de ser llamados hijos de Dios.

Si tú le aceptas pasas a ser hijo de Dios de lo contrario solo serás parte de la creación. Pero tu podrias decir en realidad no nesecito recibir a cristo porque mis padres son pastores o mis familiares todos son cristianos, quiero decirte que Dios no tiene nietos, el tiene hijos por eso la decisión es tan personal que tu tendras que tomar la tuya nadie puede obligarte es tu decisión o te salvas o te condenas cada quien es responsable de su decisión. Pero yo te recomiendo que aceptes a cristo es lo mejor.

Recuerda que si tu naces en un dealer de carros no significa que tu te convertiras en un carro cuando seas grande de igual manera cuando la gente dice soy cristiano porque naci, en un hogar cristiano.la decisión es personal y única. Toma tu la tuya de todas las decisiones que se toman en la vida, esta es la decisión mas importante para tu vida ya que de ahí depende donde pasaras la eternidad cuando partas de esta tierra el cielo por una eternidad si recibes a cristo como tu señor. O el infierno si rechazas el evangelio de Jesucristo y no te arrepientes de todo pecado en tu vida toma una decisión en este momento mañana podría ser demasiado tarde, el ayer ya paso, el futuro es incierto, pero hoy es el dia de salvación recibe a cristo como tu señor y salvador de tu vida.

Para regresar a Dios es necesario escuchar la palabra de Dios ya que la fe viene por el oír palabra de Dios, Romanos 10:17 así que la fe es por el oír el oír, por la palabra de Dios. Después de escucharla la palabra llega al corazón del hombre, que puede ser atreves de un sermón en la radio o la televisión o un canto, testimonio, tratado, o un libro como este que está leyendo usted ahorita.

Pues la Biblia dice: pues ya que, en la sabiduría de Dios, el mundo no conoció a Dios mediante sabiduría, Agrado a Dios salvar a los creyentes por la locura de la predicación 1 corintios 1:21

La palabra de Dios comienza a hacer efecto en el hombre natural cuando este continúa escuchando palabra de Dios, vera su vida como cuando nos vemos en un espejo y vemos nuestro rostro, luego tiene que continuar congregándose donde se predica la palabra de Dios a Biblia abierta esto llevara al hombre a que se vea como esta su condición ante Dios, que se examine a la luz de la palabra de Dios, a considerarse de las consecuencias de rechazar a Dios en su vida. Y finalmente que se humille ante su creador y clame por misericordia y gracia salvadora.

Isaías 1;18 dice Venid luego dice jehová, y estemos a cuenta; si vuestros pecados fueren como la grana, como la nieve serán emblanquecidos; si fueren rojos como el carmesí, vendrán a ser como blanca lana.

Mateo 11:28 dice venid a mi todos los que estáis trabajados y cargados, y yo os hare descansar.

San juan 3:16 dice porque de tal manera amo Dios al mundo, que ha dado a su hijo unigénito, para que todo aquel que en él cree, no se pierda más tenga vida eterna. Oh, pido a Dios que habrá tu corazón como se lo habrio a lidia en el libro de los hechos cap.16:14 y el señor abrió el corazón de ella' para recibir la palabra en su corazón y ser salva.

Cuantas veces tu haz escuchado la predicación del evangelio, sabes que jesus es la verdad que la biblia dice la verdad, pero que no la aceptas en tu corazón la rechazas una y otra vez que horror será estar en el lugar de los condenados y vengan a la memoria esos momentos donde Dios te ha hablado una y otra vez para que aceptes su salvación pero tu la rechazaste, hoy es el dia hoy tu puedes abrir tu corazón no lo ignores el señor esta a las puertas el viene por ti y por mi solo que tenemos que estar preparados ven a jesus aceptale como tu único y sufieciente salvador de tu vida y tendras vida eterna.

Hebreos 3:15 dice entre tanto que se dice: si oyereis hoy su voz, no endurezcáis vuestros corazones, como en la provocación.

Deja ya de vivir conforme a tu voluntad, sin considerar la voluntad de Dios para tu vida, deja de vivir como un hombre o mujer natural. Sin Dios y sin esperanza.

Espero que en este capitulo nos ayude a comprender mejor, no solo la realidad del hombre sin Dios, sino la respuesta de Dios al hombre; ¿la única respuesta ante la siguiente pregunta?

'si a pesar de todos mis esfuerzos, estoy condenado a pasar toda la eternidad en el infierno, como poder escapar de esa realidad, si es que hay manera?

Esta pregunta todo ser humano tiene que hacercela, asi como buscar Una respuesta y la respuesta esta en la biblia la palabra de Dios porque Cristo es la respuesta para tu vida. Acéptalo en tu corazón, Hoy.

CAPITULO 2

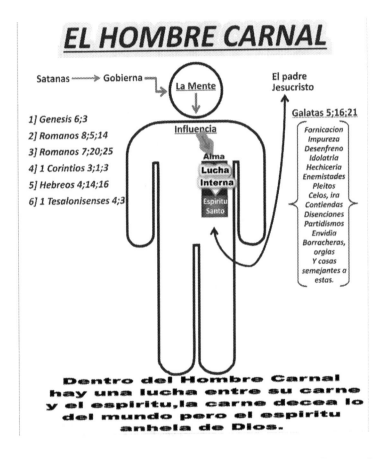

EL HOMBRE CARNAL

Satanas ┄┄→ Gobierna ┄┐   La Mente   El padre
                                            Jesucristo

1] Genesis 6;3   Galatas 5;16;21
2] Romanos 8;5;14   Influencia
3] Romanos 7;20;25   Fornicacion
4] 1 Corintios 3;1;3   Alma   Impureza
5] Hebreos 4;14;16   Lucha   Desenfreno
6] 1 Tesalonisenses 4;3   Interna   Idolatria
                                            Hechiceria
                            Espiritu   Enemistades
                             Santo   Pleitos
                                            Celos, ira
                                            Contiendas
                                            Disenciones
                                            Partidismos
                                            Envidia
                                            Borracheras,
                                            orgias
                                            Y cosas
                                            semejantes a
                                            estas.

**Dentro del Hombre Carnal
hay una lucha entre su carne
y el espiritu,la carne decea lo
del mundo pero el espiritu
anhela de Dios.**

E L HOMBRE CARNAL es gobernada e influenciada
su mente por satanas que luego influye a su corazón
y manifiesta luego los frutos de la carne lo cual el cuerpo
obedece a lo que le ordena el alma o corazón, a pesar que
ya tiene a cristo en su corazón habrá una lucha fuerte entre

el espíritu y la carne, pero Dios nos ha dado la salida para decidir a quien vamos a obedecer el Espiritu santo es nuestro ayudador y poder vencer a la carne o deceos pecaminosos en nuestra vida.

Santiago 1:15 entonces la concupiscencia, después que ha concedido, da a luz el pecado; y el pecado, siendo consumado, da a luz la muerte.

El Hombre Carnal

1 Corintios 3: 1 "De manera que yo, hermanos, no pude hablaros como a espirituales, sino como a carnales, como a niños en Cristo."

El hombre carnal es el hombre 'sarkikos' este termino proviene de la palabra griega 'sarx' que significa carne para el apóstol pablo esta clase de hombre, a diferencia del hombre natural, si ha sido regenerado y renovado por el Espiritu Santo [tito 3:5] no obstante, aun no es un hombre espiritual para el apóstol pablo, los 'sarkikos' son niños en cristo [1 co.3:1] que quiere decir esto? Que, no obstante que han recibido el Espiritu de Dios, todavía andan según la carne y en las fuerzas de la carne. En el libro de romanos capitulo 7:14:24 en el versículo 14 encontramos no al hombre natural si no al carnal'sarkikos]. Este, según el hombre interior, se deleita en la ley de Dios [7:22] y quiere hacer el bien [7:18]; sin embargo, no hace el bien que quiere y termina haciendo el mal que no quiere. ¿Donde esta el problema? En esto: el "sarkikos" quiere agradar a Dios en las fuerzas de su carne, por eso en romanos 7 del verso 7 al 24 encontramos siete veces mencionando el "yo" en difinitiva, el 'sarkikos' tiene el Espiritu, pero no ha aprendido todavía a andar en el Espiritu, ha recibido al Espiritu, pero es guiado por la carne. En la practica los cristianos carnales no manifiestan el carácter de Cristo, sino las obras de la carne[1cor.3:3, 4,]

Por todo el Nuevo Testamento hay ejemplos de la diferencia entre el hombre carnal y el hombre espiritual. Estos dos tipos de hombres son extremamente diferentes, pero tiene una cosa en común. Los dos son nacidos del Espíritu. La frase "cristiano carnal" fue usada por primera vez en 1 Corintios 3:1 cuando Pablo habla a los cristianos en Corinto. Pablo les dijo, "...no pude hablaros como a espirituales, sino como a carnales, como a niños en Cristo."

Lo primero que aprendemos de este pasaje es que el cristiano carnal es como un niño. El cristiano carnal es uno que ha nacido de Dios, pero vive fuera del reino de Dios. No crece espiritualmente, no madura.

De manera que la carnalidad del hombre no es removida por medio de la conversión, debe ser removida por medio de la obra de santificación.

Los cristianos carnales no pueden experimentar una vida llena y abundante. Porque el hombre carnal confía en sus propios esfuerzos para vivir la vida cristiana, desconoce o ha olvidado el perdón y poder de Dios. Por esto Pablo dice, 1 Tesalonisenses 4:3 "pues la voluntad de Dios es vuestra santificación".

Corinto era la ciudad más grande de Grecia, se estima que tenía 650, 000 habitantes en esa época, también era una de las ciudades más famosas de la antigüedad. Era un puerto, un centro de comercio y la capital de la provincia de acaya. Aunque era poderosa en cuanto a su riqueza material, también era notable por su inmoralidad. De hecho, su nombre es sinónimo de corrupción

[korinthiazesthai] equivalía a practicar la prostitución. y fue en esta corrupta ciudad donde Dios le dijo al apóstol pablo yo tengo mucho pueblo en esta ciudad. [hechos 18:10] durante un año y medio el apóstol pablo predico en esta ciudad y mucha gente se convirtió a cristo, y la iglesia en corinto fue establecida en hechos 18:1:18.

En la iglesia de corinto tuvo un comienzo inverosímil. Sus primeros conversos incluían idolatras, adúlteros, homosexuales, ladrones y borrachos [1corintios 6:9-11] con todo esto había unos de alto prestigio como crispo y sostenes [hechos 18:8.17] era algo digno que muchos de ellos respondieron al mensaje del evangelio y la gracia de Dios y que querían vivir en santidad en una ciudad como corinto. Las iglesias de corinto tenían muchos problemas internos, así como contaban con muchos dones del Espíritu santo dentro de la iglesia. Ahora podemos ver muchos problemas que se daban dentro de la iglesia de corinto debido a la carnalidad en que Vivian y que los tenemos hoy en dia dentro de la iglesia de hoy.

1- tenían problemas de divisiones en la iglesia [1 cor.1.10-13]
2- El problema de la sabiduría del mundo[1cor.1.17]
3- El problema de la carnalidad[1cor.3.1-4]
4- El problema de la inmoralidad en la iglesia[1cor.5.1-13]
5- El problema de llevar hermanos creyentes ante los tribunales[1cor.6.1-6]
6- El problema de la fornicación[1cor.6.15-20]
7- El problema del matrimonio y el divorcio [1cor.7-1.40]
8- El problema de la carne ofrecida a los ídolos[1cor.8.1-13]
9- El problema del lugar del hombre y de la mujer en la iglesia[1cor.11.1-17]
10- El problema de abusos en la cena del señor[1cor.11.20-34]
11- El problema de los dones Espirituales [1cor.12.1-31]
12- El problema de la falta de amor[1cor.13.1-13]
13- El problema de hablar en lenguas[[1cor.14.1-40]
14- El problema de la enseñanza equivocada acerca de la resurrección de los muertos [1cor.15.1-58]
15- El problema de la ofrenda para los santos [1cor.16.1-3]

Esta era una iglesia que estaba plagada de problemas. De una u otra manera lo que las iglesias de hoy enfrentan el mismo problemas y quizás mayores que estos, el apóstol pablo querían que ellos supieran que hay un Dios en el cielo que es un Gran solucionador de problemas, que pueden ser solucionados no a mi manera sino a la manera de Dios.

Los muchos problemas que enfrentaban la iglesia de corintios eran muy similares a los problemas de los hijos de Israel que enfrentaron hace mucho tiempo y hoy aún existen estos mismos problemas. Pero la solución siempre fue, es y será Dios atraves de su Espíritu santo en nuestras vidas cuando dejamos que el actué en nosotros la carnalidad tendrá que sujetarse al espíritu y así poder vivir una vida fructífera en el señor.

Y hoy en día tenemos dentro de la iglesia mundial en general a muchos cristianos carnales que viven más en sus deleites carnales más que de Dios. Y es ahí donde los pastores tienen muchos problemas solucionando los conflictos dentro de los matrimonios, caballeros, damas, jóvenes y diferentes ministerios y liderazgos dentro de la iglesia, debido a que se está sirviendo a Dios en la carne a puro esfuerzo y duro cerviz. Y es por eso que tenemos muchas divisiones dentro de las iglesias Y muchos se sienten frustrados debido a que no han entendido en la lucha o guerra espiritual en la que nos encontramos cada día y por eso muchos cristianos viven en derrota viviendo una doble vida con pecados ocultos, siendo dentro de la iglesia en apariencia hombres espirituales santos, pero afuera de la iglesia, viven como cualquier persona que no conoce de Dios y aun peor en su estilo de vida llenos de adulterio, fornicación, robo, chisme, hipocrecia, y apariencia de piedad y esto hace que muchos vivan dos vidas una dentro de la iglesia con una apariencia de tener una buena reputación, y otra fuera de la iglesia viviendo impíamente pero hay respuesta si ya estas cansado de vivir asi Dios quiere que seamos cinceros con nosotros mismos y nos examinemos y nos arrepintamos de esta manera de vivir porque hay respuesta para nuestra vida hoy en día, porque cristo la respuesta. Y el quiere que vivamos una vida victoriosa y agradable a El.

Porque algo tienes que entender que la salvación es instantánea una vez que tu recibes a Cristo como tu único y suficiente salvador de tu vida, entonces eres salvo[a] inmediatamente tu nombre es inscrito en el libro de la vida y hay fiesta en los cielos cuando un pecador se arrepiente, pero la santificación es un proceso que durara todos los días de tú vida cristiana sobre la tierra. El Espiritu santo dentro de nuestras vidas ira haciendo el cambio transformando cada área de nuestra manera de vivir que sea agradable a Dios. Y eso no se logra vistiéndonos con ropa diferente, o comiendo cierta comida, eso solo se logra atravez del Espiritu santo que esta trabajando dentro de nosotros cuando leemos la palabra, y buscamos su rostro en oración sometiéndonos a su perfecta voluntad cada dia.

Pero una cosa que tenemos que entender es que el hombre natural es controlado completamente por satanás, pero el hombre carnal ya recibió a cristo como su salvador y el Espíritu santo entro en su corazón y es ahí donde comienza una lucha interna donde el espíritu del hombre anhela palabra de Dios, pero la carne también quiere deleitarse en lo suyo, el hombre carnal es gobernada su mente por satanás luego su mente influencia su alma y luego lo dirige a vivir pecaminosamente y no hay control porque su espíritu está débil pero su carne es fuerte y es aquí que hoy en día tenemos en las iglesias mucho cristianos carnales que viven más en sus deleites carnales que espirituales porque no viven para Dios, solo viven para sus deleites y así tratan de agradar a Dios, pero la biblia dice en Génesis 6:3 y dijo Jehová: no contenderá mi

nuestro deseo de elegir al dios que agrada a nuestra carne en vez de postrarnos delante del Dios vivo y verdadero.

6- Hechicerías. Practicas supersticiosas u ocultas, como la brujería, horóscopo, la guija, lectura de manos, buscar ayuda de influencias sobrenaturales y metafísicas, este pecado de la carne proviene de nuestro deseo de conectar y tener relación con el espíritu misterioso de este mundo. Una curiosidad rebelde, deseamos conocer los misterios del mundo invisible de una manera que no es revelada por Dios en su palabra. Este pecado carnal de hechicería incluye todo el campo del ocultismo, como tablas guija, adivinación, nueva era, espiritismo, levitación, astrología, el uso del péndulo, técnicas de control mental meditación como el yoga.

La palabra hechicería en el griego es pharmakia, de la cual procede la palabra farmacia, referente a las drogas o alucinógenos para conseguir nuevas sensaciones, y una expansión de la mente es una forma de brujería, tomar drogas es un pecado carnal que produce una esclavitud más profunda al reino de satanás.

7- Enemistades. Odio o repulsión hacia alguien, este pecado carnal se manifiesta en sentimientos perversos y malos de rencor, desprecio y aversión hacia otras personas. Las enemistades surgen del deseo carnal de establecer la valía de uno fuera del plan de salvación de Dios. Este pecado se contrapone a la demanda de Dios de que nos perdonemos los unos a los otros.

8- Pleitos. Problemas o diferencias entre dos personas o más, este pecado de la carne se manifiesta cuando llegamos a formar parte de la disputa y discordia. nace del deseo carnal de atraer la atención y esforzarce en probar que tenemos la razón. Se le puede también llamar una forma sutil de orgullo.

TONY CHEVEZ

9- Celos. Inquietud de la persona que teme que aquella a quien ama le dé la preferencia a otra persona más que a él o ella, y esta es la manifestación de sentimientos de resentimiento porque alguien es o tiene lo que nosotros queremos, la envidia brota del deseo de la carne de ser el centro de atención por encima del interés en otros, tambien manifiesta la falta de autoaceptacion y gratitud a Dios porque El nos hizo exactamente como el nos quiere.

10- Iras. Furia violenta personas que expresan furia todo el tiempo, esto significa también el tener mal humor, enojo violento o furioso. Enojo o la ira provienen del deseo de la carne de borrar cualquier cosa que amanace los intereses de uno. El enojo es el intento de la carne de intervenir y tomar venganza fuera de las manos de Dios.

11- Contiendas. Buscar problemas, ser busca pleitos, disfrutar de estar peleando o haciendo pelear a los demás, la contienda es una rivalidad egoísta. Surge del deseo interesado de derribar a otros que de alguna forma constituyen una amenaza para nosotros.se contrapone al amor tan grande que ''siendo aun pecadores, cristo murió por nosotros [romanos 5:8]

11- Disensiones. Rebelarse o incitar a rebelarse en contra de la autoridad establecida, también esta palabra significa, literalmente, dividir, rasgar en dos partes. Otra buena traducción es sectarismo. Este pecado surge del egoísta de identificarse con un grupo que apoyarías mis interese egocéntricos. Esta indulgencia carnal es lo que causa división en la iglesia y discordia entre los creyentes, el espíritu de sedición ataca a la unidad esencial del cuerpo de cristo y divide lo que por la obra de Cristo y la gracia de Dios es uno.

12- Herejías. Creencia contraria a lo que Dios enseña en la biblia, al igual que las disenciones, esta carnalidad es un entusiasmo por la enseñanza que aparenta ser bíblica, que divide a los creyentes pecados carnales por el que muchos lideres de creyentes influyentes han llegado a ser culpables de una forma muy sutil. Este pecado se opone al don de amor de Dios y su mandamiento de no intervenir en discusiones necias e insensatas que no producen sino altercados. [2 timoteo 2:23]

13- Envidias. Desear las posesiones, popularidad o apariencia de otra persona, este pecado describe un descontento interior cuando miramos el éxito a la superioridad de otros con deseo de estar en su lugar. La envidia proviene de una falta de seguridad interior y de confianza en que Dios nos capacitaría para tener y conseguir justo lo que el quiere que tengamos.la envidia es un rechazo a contentarnos con el don de la gracia de Dios para nosotros.

14- Homicidios. Quitarle la vida a alguien, matar a otra persona. En mateo 15:19 y marcos 7:21 la biblia dice que satanas es un homicida, pero el corazón humano lleno de odio e ira es capaz también de asesinar. El pecado del homicidio manifiesta el deseo rebelde de la carne de quitar de en medio incluso una vida que obstaculiza el camino para conseguir una meta gratificante.

15- Borracheras. este pecado carnal incluye el confiar en toda clase de tóxicos, tales como alcohol y las drogas para producir una via de escape artificial para no afrontar nuestros pecados y responsabilidades.esta carnalidad se rebela contra la obra del Espiritu Santo que convence al hombre de sus pecados y que crea culpabilidad y convicción designados para conducir al hombre hacia la fe y el arrepentimiento, las borracheras buscan una estimulación carnal para producir un estado de bienestar que en verdad solo puede ser producido permanentemente por la plenitud del Espiritu Santo. [efesios 5:8]

16- Orgias. Una orgia es una actividad sexual en grupo, también se denomina así a una práctica sin ningún tipo de restricciones, o pasiones sexuales desenfrenadas. Fiesta que se come y bebe intolerablemente y se cometen otros excesos.

17- y cosas semejantes a estas; acerca de las cuales os amonesto, como ya os lo he dicho antes, que los que practican tales cosas no heredaran el reino de Dios. Este pasaje puntualiza que aquellos que continúan practicando estos pecados y cosas semejantes a estas no heredaran el reino de Dios ya que solo las practica el hombre natural y el hombre carnal, ya que el hombre espiritual a sido liberado de estos pecados carnales atravez de la muerte de Cristo en la Cruz y su Resurreccion.

Las cuales Dios prohíbe a sus hijos practicar, y los hombres o mujeres Espirituales jamás lo practicaran ya que su cimiente es nueva y espiritual.

En la palabra de Dios encontramos en 1 pedro 4:3 que dice: basta ya el tiempo pasado para haber hecho lo que agrada a los gentiles, andando en lascivias, concupiscencias, embriagueces, orgias, disipación, y abominables idolatrías.

Por eso la palabra del señor dice en 1 tesalonicenses 4;3 pues la voluntad de Dios es vuestra santificación; que os apartéis de fornicación. Es necesario que nuestra vida espiritual reviva y ya dejemos de ser hombres y mujeres carnales viviendo solo para nosotros y no para Dios recuerda que Dios conoce los corazones, pero eso no quiere decir que está de acuerdo con nuestra manera de vivir tenemos que morir a la carne para que nazca un hombre espiritual ya que Dios busca adoradores en espíritu y en verdad.

Juan 4:23:24 más la hora viene, y ahora es, cuando los verdaderos adoradores adoraran al padre en espíritu y verdad; porque también el padre tales adoradores busca que le adoren.

solo viviendo una vida en el espíritu podremos ver la gloria de Dios, ya que vivir en los deseos de la carne solo trae muerte, imaginémonos que tenemos a un cerdo y lo cambiamos, lo perfumamos y lo vestimos con el mejor traje de gala, le ponemos un reloj muy caro y le ponemos un par de anteojos para el sol, y salimos a caminar con el a la calle, te pregunto que crees tu que va a pasar cuando encontremos un charco con mucho lodo y agua estancada? El cerdo se meterá con toda y ropa y reloj, no lo pensará dos veces, ¿por qué? Porque su naturaleza es revolcarce en el lodo, de igual manera tu y yo nos revolcavamos en el lodo del pecado antes de venir a cristo, pero cuando el entro en nuestros corazones hubo un cambio de 180 grados ya nuestra naturaleza cambio y ahora anhelamos mas de Dios que cualquier cosa.

Por eso si tu estas atado a los vicios del licor, pornografía, prostitución, a los juegos de azar, te gusta robar, mentir, adulterar, fornicar, visitar a los siquicos, o brujos, tu necesitas reconocer que necesitas ayuda no puedes vivir como el cerdo revolcándote en el lodo, jesus te da la salidad y las fuerzas para vencer y llegar a ser una persona espiritual para el servicio del señor aquí en esta tierra recuerda que fuimos creados para servirle al señor en santidad y Amor. Renuncia a todo pecado en tu vida y ya no vivas de hipocresia seamos reales eso es lo que Dios quiere de ti y de mi sinceridad, reconocer nuestras faltas y dejar de vivir como los carnales en deleites de la carne que solo darán muerte y dolor pero el espíritu de Dios da vida y vida en abundancia. Vamos atrévete a ser diferente en cristo somos mas que vencedores. Deja de vivir como un carnal y conviértete en una persona espiritual.

CAPITULO 3

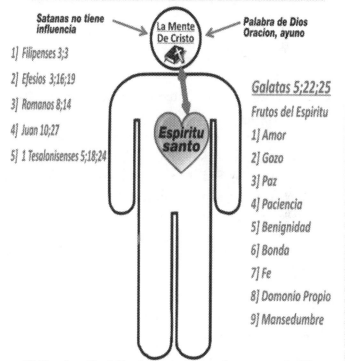

EL HOMBRE ESPIRITUAL

Satanas no tiene influencia

La Mente De Cristo

Palabra de Dios Oracion, ayuno

1] Filipenses 3;3

2] Efesios 3;16;19

3] Romanos 8;14

4] Juan 10;27

5] 1 Tesalonisenses 5;18;24

Espiritu santo

Galatas 5;22;25

Frutos del Espiritu

1] Amor

2] Gozo

3] Paz

4] Paciencia

5] Benignidad

6] Bonda

7] Fe

8] Domonio Propio

9] Mansedumbre

El Hombre Espiritual ama y busca las cosas de Dios y el diablo no puede hacerle daño porque Dios lo cuida.

EL HOMBRE ESPIRITUAL su mente no es gobernada por satanas, si no que ahora tiene la mente de cristo, cualquier pensamiento o deceo a pecar que venga a su vida, puede reprenderlo con la ayuda del Espiritu santo, su naturaleza y manera de pensar es ahora diferente y sus frutos son manifiestos en amor, la carne estará sujeta, vendrán tentaciones a su vida porque la carne estará con nosotros toda la vida, pero estará sujeta al espíritu, como esta escrito en 2 corintios 10:3 pues aunque andamos en la carne, no militamos según la carne. Asi que amados si podemos vivir una vida espiritual en obediencia al señor ya que Dios es espíritu y se comunicara atravez de Espiritu santo en nuestra vida. Solo los espirituales pueden escuchar su voz. Y seguir su dirección para poder entrar al reino de los cielos.

EL HOMBRE ESPIRITUAL

1Corintios 2: 15 "En cambio el espiritual juzga todas las cosas; pero él no es juzgado de nadie.".

El hombre espiritual es el hombre "neumatikos" esta expresión viene de la palabra griega "neuma" que significa "espiritu" según el apóstol pablo, el hombre espiritual juzga o discierne todas las cosas resiste cualquier otra clase de juicio adverso porque, en definitiva, el juicio del hombre espiritual representa el pensamiento de Cristo.y aunque el diablo le mande dardos a su mente, son puestos a los pies de cristo como dice 2 corintios 10:5 derribando argumentos y toda altivez que se levanta contra el conocimiento de Dios, y llevando cautivo todo pensamiento a la obediencia de Cristo. Por eso somos mas que vencedores en Cristo, el hombre "neumatikos', a diferencia del "sarkikos", no trata el de agradar a Dios, sino que se deja guiar por el Espiritu y no en sus fuerzas.el secreto no es tratar ni luchar, sino rendirse.por eso, el hombre carnal de romanos capitulo siete encontró liberación únicamente en esto, en la ley del Espiritu de vida que es en cristo Jesus. ROMANOS 8:2 el hombre espiritual puede comunicar algún don espiritual a sus oyentes[Rm 1:11]siembra lo espiritual[1 co.9:11] no ignora acerca de los dones espirituales, [1 co.12:1] restaura a sus hermanos que han caído en pecado y en alguna falta, con espíritu de mansedumbre[Galatas 6:1] goza y experimenta toda bendición espiritual[Efesios 1:3] sabe cantar al señor con canticos espirituales [Colosenses 3:16] posee sabiduría e inteligencia espiritual [colosenses 1:9] y sabe ofrecer a Dios por medio de jesuscristo sacrificios espirituales[1 Pedro 2:5]

El hombre espiritual crucifica continuamente los deseos de la carne. El hombre espiritual ha sido transformado y piensa como Cristo piensa. Actúa y reacciona de una forma agradable al Señor. Todo lo que hace es precedido por sus deseos de agradar a Cristo.

Gálatas 5:22 "Mas el fruto del espíritu es amor, gozo, paz, paciencia, benignidad, bondad, fe, mansedumbre, y templanza"

Es importante distinguir entre los frutos del Espíritu y las obras del Espíritu. Las obras del Espíritu son para la edificación de la iglesia, pero los frutos del Espíritu son el resultado de la morada del Espíritu dentro de nosotros.

El hombre espiritual es dirigido por el Espíritu. El aprender a seguir al Espíritu. Romanos 8:14 "Porque todos los que son guiados por el Espíritu de Dios, estos son hijos de Dios".

Mientras aprendemos a seguir a Jesús, aprendemos también a sentir la dirección del Espíritu. Jesús dijo, Juan 10:27 "Mis ovejas oyen mi voz, y yo las conozco, y me siguen".

En cambio, en el hombre espiritual satanás no tiene influencia en la mente, ya que el cristiano espiritual tiene la mente de cristo, hay palabra, hay ayuno, hay oración en su vida, satanás no podrá manipular su mente porque su vida esta compenetrada en cristo Jesús señor nuestro. Y el Espíritu santo gobierna su vida de tal manera que la carne tendrá que sujetarse al Espíritu santo de Dios.

Como dice filipenses 3:3 porque nosotros somos la circuncisión, los que en espíritu servimos a Dios y nos gloriamos en cristo Jesús no teniendo confianza en la carne.

Pablo dice que un verdadero servidor de cristo tiene que hacerlo en el espíritu ya que en la carne nadie puede agradar a Dios, o sea que puedes estar haciendo sacrificios y no obediencia, y el señor dice en su palabra obediencia quiero y no sacrificios si no pasará lo que le paso al rey Saúl ofreció sacrificios a cambio de obediencia y el resultado de eso perdió su reinado. oh amado hermano o hermana no pierdas tu corona por causa de la desobediencia deja de hacer sacrificios en la carne y obedece en el espíritu alabaaa!!!

Efesios 3:16 dice para que os de, conforme a las riquezas de su gloria, el ser fortalecidos con poder en el hombre interior por su Espíritu. ¡El apóstol pablo dice que Dios quiere fortalecer tu hombre espiritual interior que es donde Dios trabaja y se comunica con el hombre porque el hombre carnal no puede escuchar su voz, solo el hombre o mujer espiritual puede oírle y seguirle porque Dios es Espíritu aleluya!! Jun 10:27 dice mis ovejas oyen mi voz, y yo las conozco, y me siguen. Por eso en 1 tesalonicenses 5:23 dice y el mismo Dios de paz os santifique por completo; y todo vuestro ser, espíritu, alma y cuerpo, sea guardado irreprensible para la venida de nuestro señor Jesucristo.

Una de las cosas que el cristiano que vive en el espíritu, es que el diablo no le toca y no puede hacerlo pecar.

Como 1 de juan 5:18 dice sabemos que todo aquel que ha nacido de Dios, no practica el pecado, pues aquel que fue engendrado por Dios le guarda, y el maligno no le toca. De tal manera que el hombre y la mujer que vive en el espíritu Dios le guarda no quiere decir que no tendrá pruebas, enfermedades, luchas, necesidades etc. Sino que a través de todas estas cosas somos más que vencedores en cristo Jesús señor nuestro.

Filipenses 4:13 todo lo puedo en cristo que nos fortalece. Las tres categorías en el hombre son: El primero es el hombre natural, es el que es gobernado por su intelecto y sus emociones. El segundo es el hombre carnal, conoce de Dios, pero no crece, se queda niño espiritual no llega a la capacidad de poder comer comida sólida. El tercero es el hombre espiritual, es el que es guiado por el Espíritu de Dios, crece y llega a dar frutos.

CAPITULO 4

Crecimiento Espiritual

LO QUE TAL vez nos resulta más difícil en nuestra vida cristiana es nuestro crecimiento espiritual; cuando nos convertimos a Cristo somos como niños a quienes se les deben cuidar y alimentar, protegiéndoles de todo peligro. Si a un niño no le cuidamos y alimentamos, su crecimiento se detendrá, no se desarrollará físicamente y poco a poco sus funciones vitales irán teniendo problemas hasta que finalmente le sobrevendrá la muerte; en un niño espiritual sucede lo mismo, si no se alimenta y protege a través de la Palabra de Dios, su crecimiento y desarrollo espiritual se detendrá, sus funciones vitales como son la oración, la lectura de la Palabra, el congregarse, y dejar de vivir una vida para Dios. Comenzarán a menguar hasta que finalmente el enemigo vuelve a señorearse sobre su vida logrando apartarlo de la iglesia, y es allí en donde le sobreviene la muerte espiritual.

Y comenzara a practicar todos los pecados que lo tenían atado de la cual fue libre cuando acepto a cristo como su señor, ahora es cuando el enemigo lo hunde más en el licor, pornografía, prostitución, enojo ira, lascivia y todas esas prácticas que van contra la moral de Dios y su estado viene a ser peor que cuando comenzó.

Pero no es la intención en este libro de hablar de muerte sino de vida. Jeremías 17:8 nos dice "porque será como el árbol plantado junto a las aguas, que junto a la corriente echará sus raíces y no verá cuando viene el calor, sino que su hoja estará verde; y en el año de sequía no se fatigará, ni dejará de dar fruto". Si nos fijamos en los árboles, tienen raíces, esas mismas raíces hacen que ellos estén firmes, pero el agua juega un papel importante en la vida de todo árbol o de toda planta.

Muchas veces nosotros como cristianos estamos alejados de nuestra fuente de vida que es Cristo. Y es que de este versículo podemos ver la comparación de la vida de un árbol con nuestras propias vidas en el cristianismo, pues nosotros alejados de Dios carecemos de vida, porque Él es quien nos permite estar llenos de vigor, llenos de todo lo bueno que existe en este mundo.

Y entonces un árbol está frondoso, lleno de vida y dando fruto porque sus raíces están junto a corrientes de agua o por que se le está proporcionando agua todos los días. Es decir que si estamos firmes sobre nuestra roca que es Cristo y estamos junto a Él, estaremos seguros, tranquilos, confiados, gozosos porque nuestra vida depende únicamente de Él y no de las circunstancias que nos rodean, porque Él es nuestra fuente de vida y si estamos junto a Él lo tenemos todo, los problemas no nos afectaran, las dificultades no nos harán flaquear porque sabemos en quien hemos creído y confiado, porque esa fuente de agua es Eterna y refrescante y nunca se acaba. De tal forma que podemos entrar en su Reino con gozo a vivir la vida eterna. Eso solo se logra al estar bajo la cobertura del Espíritu santo de Dios.

Debemos nutrirnos de la Palabra para crecer y desarrollarnos conforme a la voluntad de Dios, debemos fortalecernos en fe para resistir las tentaciones y ataques del enemigo, siendo conscientes de que las bendiciones no siempre vienen con gozo; por el contrario, la mayoría de las veces están precedidas de pruebas, luchas y dificultades, pero se produce el gozo luego de obtener la victoria; y el gozo es por la bendición misma, pero será mayor aún porque hemos perseverado en oración, nos hemos fortalecido en la Palabra de Dios, y resistiendo a Satanás, hemos vencido.poque tenemos la victoria segura en cristo.

El gozo y la alegría de haber conocido a Cristo por medio de la fe, de disfrutar de la libertad física y espiritual que Él nos otorga debe estimularnos, debe incentivarnos a continuar de victoria en victoria hasta el fin, hasta que estemos en la misma presencia del Señor.

EL HOMBRE CARNAL Y CRECIMIENTO DEL HOMBRE ESPIRITUAL.

Es muy común oír a los hermanos comentar como han crecido o dejado de crecer espiritualmente, ¿Mas sabemos realmente de que se trata esta hermosa frase, que nos hace hacernos una pregunta que es crecer?

Crecer: es incrementar aumentar de proporción con referencia a un tiempo pasado. Edificar, construir. Los seres humanos crecemos mediante factores nutricionales que deben ser asimilados adecuadamente por nuestro organismo. Ya que las personas estamos constituidas por cuerpo, alma y espíritu, estos también crecen de acuerdo al alimento proporcionado, a nuestro cuerpo para el crecimiento.

Es sencillo, todos sabemos que el agua moja, pero muchos no sabemos la explicación física de porqué moja, igual sucede en el área espiritual.

Dice Job 42:1: "Respondió Job a Jehová, y dijo: Yo conozco que todo lo puedes, Y que no hay pensamiento que se esconda de ti. ¿Quién es el que oscurece el consejo sin entendimiento?

Por tanto, yo hablaba lo que no entendía; Cosas demasiado maravillosas para mí, que yo no comprendía. Oye, te ruego, y hablaré; Te preguntaré, y tú me enseñarás. De oídas te había oído; Mas ahora mis ojos te ven. Por tanto, me aborrezco, y me arrepiento en polvo y ceniza". Nuestro cuerpo puede crecer, más eso no significa que lo esté haciendo correctamente, nuestra alma proporcionalmente crece aún más que nuestro cuerpo y eso no significa que sea bueno para nosotros. ¿Y el espíritu? Debemos tener una dieta especial de acuerdo a la edad, leche para los bebes y comida sólida a los adultos, también así seremos alimentados en el espíritu, nuestros padres nos dan lo que conviene cuando estamos pequeños, nuestro padre celestial hará lo mismo.

Hechos 20: 32 "Y ahora, hermanos, os encomiendo a Dios, y a la palabra de su gracia, que tiene poder para sobreedificaros y daros herencia con todos los santificados".

En otras palabras, la escritura nos da el crecimiento espiritual, mas no toda palabra conviene de acuerdo al crecimiento del creyente.

1 Corintios 3: 1 "De manera que yo, hermanos, no pude hablaros como a espirituales, sino como a carnales, como a niños en Cristo. Os di a beber leche, y no vianda; porque aún no erais capaces, ni sois capaces todavía, porque aún sois carnales; pues habiendo entre vosotros celos, contiendas y disensiones, ¿no sois carnales, y andáis como hombres? 4 Porque diciendo el uno: Yo ciertamente soy de Pablo; y el otro: Yo soy de Apolos, ¿no sois carnales?

Quiere decir el apóstol Pablo que, aunque les ha dado comida espiritual, aun no la han podido asimilar, tal como entro salió, no fue digerida, desdoblada y utilizada para crecer, simplemente fue un alimento no aprovechado. ¿Culpa del apóstol Pablo? De ninguna manera, ya que el cristiano coloca la palabra captada con el entendimiento en su corazón dispuesto para crecer espiritualmente. Tal cual como pasaba en ese entonces lo hacen los cristianos de estos días, Cristiano Carnal, Cristiano Espiritual ¿cristiano? El pastor predica lindo, El pastor predica apegado a la palabra, No me gusta como predica el pastor.

El coro canta bello y hermoso, Alabamos en Espíritu y verdad, La alabanza de la otra iglesia es mejor, El mensaje fue maravilloso, El mensaje me enseño que…. Ya había leído eso ¿Si Dios quiere?, Todo lo puedo en Cristo, ¿Por qué a mí? ¿Porque no siento a Dios como los demás?

Ore por mí, Dios le escucha, Oremos juntos, el color de la carpeta del templo no me gusta. Estoy muy ocupado, El hermano cayó, Levantemos al hermano, Quien sabe que pecado tendrá. El cristiano carnal está en un proceso de formación donde aún es bebe y la misericordia de Dios le dará las maneras necesarias para su crecimiento como se establece. Recuerde que la iglesia es como un hospital donde todos llegamos enfermos y necesitamos ser sanados, la iglesia no es un museo de santos perfectos. No hay iglesia perfecta y si usted anda buscando una iglesia perfecta si la encuentra entonces usted la arruinara ya que usted y yo somos el problema.

Es como un señor que tenía un caballo, pero no tenía un potrero o lugar propio donde ponerlo a comer pasto, así que se las ingenio y compro una soga o lazo muy largo y una estaca de madera, la cual enterraba la estaca en el lugar y amarraba el lazo a la estaca y así el caballo podría andar alrededor comiendo sin irse del lugar, al dejar el caballo por la mañana, regreso a recogerlo en la tarde para su asombro el señor miro que su caballo había sido orinado por una araña en una de las patas del caballo, el señor dijo ciertamente este terreno es muy malo, lo llevare a otra ciudad y lo dejo ahí enterró la estaca y dejo al caballo comiendo todo el día en la tarde que regreso a tráerlo otra pata del caballo estaba inflamada por la orina de la araña, así que lo llevo a diferentes ciudades buscando el mejor lugar para su caballo, porque para él, todos estos terrenos eran malos y habían muchas arañas que a la final solo daño hacían a los caballos luego al final del día regreso a recogerlo. y encontró a su caballo con las cuatro patas inflamadas y no podía caminar debido al daño de la Arana, al recoger el lazo y enrollarlo para llevarse el caballo se dio cuenta que en la estaca había un hueco y en ese hueco andaba la araña metida, solo salía a hacerle daño al caballo no era el terreno o ciudad el problema, el problema andaba en la estaca, porque ahí andaba la araña, así sucede con muchos cristianos hoy en día que andan de iglesia en iglesia buscando la iglesia perfecta, el problema es que andan la araña en sus corazones. Y no importa el país o iglesia que vallan el problema lo andan adentro del corazón hasta que se arrepientan y entreguen su corazón al señor para ser libres de todo pecado. Es por eso que hay que afirmarnos en la iglesia que estamos congregándonos y que el señor saque la araña de nuestro corazón y podamos crecer en el conocimiento de nuestro señor Jesucristo.

Efesios 4:11 Y él mismo constituyó a unos, apóstoles; a otros, profetas; a otros, evangelistas; a otros, pastores y maestros, a fin de perfeccionar a los santos para la obra del ministerio, para la edificación del cuerpo de Cristo, hasta que todos lleguemos a la unidad de la fe y del conocimiento del Hijo de Dios, a un varón perfecto, a la medida de la estatura de la plenitud de Cristo; para que ya no seamos niños fluctuantes, llevados por doquiera de todo viento de doctrina, por estratagema de hombres que para engañar emplean con astucia las artimañas del error, sino que siguiendo la verdad en amor, crezcamos en todo en aquel que es la cabeza, esto es, Cristo, de quien todo el cuerpo, bien concertado y unido entre sí por todas las coyunturas que se ayudan mutuamente, según la actividad propia de cada miembro, recibe crecimiento para ir edificándose en amor. El crecimiento espiritual sólo lo da Dios mediante su Espíritu Santo, no lo da un pastor o una iglesia, no lo da un libro o título de licenciatura o doctorado tanto en lo secular o eclesiástico o el conocimiento intelectual de la Biblia, y esto lo explica muy bien el apóstol pablo. 1 Corintios 3:5 ¿Qué, pues, es Pablo, y qué es Apolos? Servidores por medio de los cuales habéis creído; y eso según lo que a cada uno concedió el Señor. Yo planté, Apolos regó; pero el crecimiento lo ha dado Dios. Así que ni el que planta es algo, ni el que riega, sino Dios, que da el crecimiento. Y el que planta y el que riega son una misma cosa; aunque cada uno recibirá su recompensa conforme a su labor. Porque nosotros somos colaboradores de Dios, y vosotros sois labranza de Dios, edificio de Dios. Nosotros tenemos la responsabilidad y decisión de crecer espiritualmente mediante los medios que Dios puso a nuestro alcance. Podemos pedir a Dios.

Según Lucas 11: 13 Pues si vosotros, siendo malos, sabéis dar buenas dádivas a vuestros hijos, ¿cuánto más vuestro Padre celestial dará el Espíritu Santo a los que se lo pidan? Por lo tanto, si usted pide algo es con un propósito, ¿para qué? Ojalá no sea para entristecerlo.

Efesios 4:30 Y no contristéis al Espíritu Santo de Dios, con el cual fuisteis sellados para el día de la redención. Pida a Dios de su Espíritu para servirlo.

Hechos 6:2 Entonces los doce convocaron a la multitud de los discípulos, y dijeron: No es justo que nosotros dejemos la palabra de Dios, para servir a las mesas. Buscad, pues, hermanos, de entre vosotros a siete varones de buen testimonio, llenos del Espíritu Santo y de sabiduría, a quienes encarguemos de este trabajo. Crecer espiritualmente significa incrementar el espacio en tu vida para el Espíritu Santo, como dice.

1 Pedro 2:1 desechando, pues, toda malicia, todo engaño, hipocresía, envidias, y todas las detracciones, desead, como niños recién nacidos, la leche espiritual no adulterada, para

que por ella crezcáis para salvación, si es que habéis gustado la benignidad del Señor.

¿Estamos creciendo espiritualmente? No busquemos señales, estas

pueden confundirnos,

Mateo 7:21 No todo el que me dice: Señor, Señor, entrará en el reino de los cielos, sino el que hace la voluntad de mi Padre que está en los cielos. Muchos me dirán en aquel día: Señor, Señor, ¿no profetizamos en tu nombre, y en tu nombre echamos fuera demonios, y en tu nombre hicimos muchos milagros? 23 Y entonces les declararé: Nunca os conocí; apartaos de mí, hacedores de maldad.

Busqué el fruto, el fruto no engaña, así conoceremos si hemos crecido espiritualmente, porque los dones son importantes, pero jesus dijo por sus frutos los conoceréis.

Gálatas 5:22 Mas el fruto del Espíritu es amor, gozo, paz, paciencia, benignidad, bondad, fe, mansedumbre, templanza; contra tales cosas no hay ley. Pero los que son de Cristo han crucificado la carne con sus pasiones y deseos. Si vivimos por el Espíritu, andemos también por el Espíritu. No nos hagamos vanagloriosos, irritándonos unos a otros, envidiándonos unos a otros.

Juan 14:17 es decir, el Espíritu de verdad, a quien el mundo no puede recibir, porque ni le ve ni le conoce, pero vosotros sí le conocéis porque mora con vosotros y estará en vosotros.

1 Corintios 3:1 Así que yo, hermanos, no pude hablaros como a espirituales, sino como a carnales, como a niños en Cristo

1 CORINTIOS 15:44 se siembra un cuerpo natural, se resucita un cuerpo espiritual. Si hay un cuerpo natural, hay también un cuerpo espiritual.

SANTIAGO 3; 15 Esta sabiduría no es la que viene de lo alto, sino que es terrenal, natural, diabólica

Cuando nos decidimos a crecer, en nuestra vida espiritual debemos de hacernos la siguiente pregunta: ¿Cómo crecemos? La misma se puede contestar con los siguientes puntos:

Crecemos en el conocimiento de la Palabra. La Biblia misma nos dice en Lucas 2:46: "Y aconteció que tres días después le hallaron en el templo, sentado en medio de los doctores de la ley, oyéndoles y preguntándoles." Vemos que hasta Jesús siendo El Dios, "creador de los cielos y la tierra", "Por el cual fueron hechas todas las cosas", y hasta el mismo dador de la Palabra, no descuidó en preocuparse por aprender de ella. Ya que se encontraba en la casa de su padre.

Jesús conversaba con los maestros de la ley. Durante una fiesta Jesús se les desapareció a sus padres y fue hallado estudiando la ley con los maestros. Este caso debe ser un ejemplo para todo el cristiano que se preocupe por su crecimiento espiritual. Es una ciertísima verdad el hecho de que para crecer hay que comenzar con el estudio de la Biblia. Todo el cristiano debe ocupar una buena porción de su tiempo en un juicioso y frecuente estudio de la Biblia. Esta es una inversión que tiene ganancias más valiosas que cualquier otra en la vida, y si Jesús lo hizo es porque quiere que cada uno de nosotros lo hagamos.

Crecemos en obediencia a las autoridades. En estos tiempos en los cuales nos ha tocado vivir, existe una tendencia general a la desobediencia. Los jóvenes dicen que no son niños para que los manden y los mayores dicen que ya son viejos para sujetarse a una autoridad. No es sorpresa que esta tendencia haya penetrado hasta la iglesia. De hoy en día Se pueden encontrar: Miembros desobedientes, líderes desobedientes y hasta pastores, evangelistas, maestros, profetas y apóstoles desobedientes a lo establecido por Dios.

La autoridad está en todos los lugares y es algo que viene de Dios. En Génesis 1:28 dice: "Y los bendijo Dios, y les dijo: fructificad y multiplicaos; llenad la tierra, y sojuzgarla, y señoread en los peces del mar, en las aves de los cielos, y en todas las bestias que se mueven sobre la tierra." Las primeras personas que tuvieron autoridad sobre la tierra fueron Adán y Eva. Irónicamente los primeros en desobedecer la autoridad fueron los que primero la tuvieron. Adán y Eva señoreaban "en los peces del mar, en las aves de los cielos, y en todas las bestias que mueven sobre la tierra."

Pero al mismo tiempo ellos estaban bajo la autoridad de Dios. Ellos desobedecieron la autoridad y por su desobediencia tuvieron lamentable consecuencia. Por su desobediencia entró el pecado en el mundo y con él todas sus implicaciones. Ellos tenían por encima de ellos sólo a Dios, pero por su pecado también consiguieron que el diablo los domine. Adán y Eva fueron creados a "A imagen y semejanza de Dios". Crecemos cuando pasamos por pruebas y tentaciones. Muchos cristianos como que le tienen fobia a la palabra tentación o pruebas que llegan a nuestra vida y que son necesarias para crecer en fe. En Santiago 1:2-4 se nos dice: "Hermanos míos, tened por sumo gozo cuando os halléis en diversas pruebas, sabiendo que la prueba de vuestra fe produce paciencia. Más tenga la paciencia su obra completa, para que seáis perfectos y cabales, sin que os falte cosa alguna." Eso de "perfectos y cabales, sin que os falte cosa alguna." No son más que una característica de una persona que es madura espiritualmente. Las tentaciones son un canal muy efectivo que Dios utiliza para hacernos crecer espiritualmente. Las pruebas como dice Santiago, producen paciencia. No se puede ser maduro espiritualmente sin ser paciente. La paciencia es requisito indispensable para la madures espiritual. Recordemos el caso del apóstol Pedro. Pedro aparece en los evangelios como una persona impaciente.

Pues entonces reflexionemos todos sobre nuestro crecimiento espiritual. ¿Hemos crecido adecuadamente en los años que hemos estado siguiendo a Cristo? ¿Nos hemos alimentado adecuadamente con el alimento espiritual que Dios nos da? ¿Les hemos permitido a las autoridades que nos ayuden a crecer adecuadamente, así como el pastor ayuda a sus ovejas? ¿Nos hemos separado del mundo a tal grado que su influencia no nos afecte? ¿Hemos crecido cuando pasamos por las tentaciones, o hemos caído reincidentemente en ellas como un ciego cae al tropezar con la piedra?

Recuerda no es pecado tropezar en una piedra, pero enamorarse de la piedra sí.

Pablo escribiendo a la iglesia de corintios les dijo "De manera que yo, hermanos, no pude hablaros como a espirituales, sino como a carnales, como a niños en Cristo. Os di a beber leche, y no vianda; porque aún no erais capaces todavía."

Con esta experiencia y con la convicción que el amor a Cristo se forma desde el nacimiento del ser humano, cuenta con la atención a niños, jóvenes y adultos en riesgo. Su creación es el resultado de cumplir el mandato de nuestro señor Jesucristo de predicar el evangelio y enseñar un estilo de vida inspirado en el amor a Dios y al prójimo.

Nuestro crecimiento espiritual muy bien lo podemos comparar con el crecimiento y desarrollo de un niño puesto que las necesidades básicas son bastantes similares, a pesar de ser en un caso espiritual y en el otro físico. Al convertirnos a Cristo tenemos un nuevo nacimiento espiritual y a partir de ése momento debemos alimentarnos espiritualmente; la vida cristiana no comienza con el asumir múltiples actividades en la iglesia, como cargos de diaconos, ujieres, salmistas, etc, la vida espiritual comienza al unirnos a Cristo y nos unimos a Cristo mediante la oración y acciones de gracias (Colosenses 4:2) que viene a ser el cordón umbilical a través del cual nos llega el alimento primario de Dios, esto es la comunión íntima con el Creador.

Lo normal es que los niños se alimenten y a través del crecimiento que adquieren sus cuerpos generan anticuerpos que le protegen de las enfermedades físicas; igualmente, los niños espirituales que se sustentan correctamente, con todo buen alimento espiritual, que oran, que leen y escudriñan las Escrituras, que se congregan, y tienen una búsqueda constante del señor. Estos desarrollan y generan anticuerpos como consecuencia de la implantación de la Palabra de Dios en sus corazones, de manera tal que, a pesar de los ataques del enemigo, a pesar de las pruebas y dificultades, no permitirán que se aparten del camino del Señor, creciendo continuamente.

El paso siguiente es el alimento sólido, en primera instancia como papa cocida y molida o sea puré de papas, nuestros primeros biberones de leche espiritual, para luego ir incorporando todo aquello que alimente nuestro organismo espiritual; cuando comenzamos a caminar en Cristo es cuando comenzamos a leer las Escrituras; en realidad este es el mayor e imprescindible sustento espiritual, "Nunca se apartará de tu boca este libro de la ley, sino que de día y de noche meditarás en él, para que guardes y hagas conforme a todo lo que en él está escrito; porque entonces harás prosperar tu camino, y todo te saldrá bien" Josué 1:8, haciendo prosperar nuestra vida, y todo en nuestro crecimiento y desarrollo nos saldrá bien.

La falta de conocimiento o ignorancia profesa de los mandamientos divinos es algo serio puesto que origina graves problemas en nosotros, en nuestra vida cristiana y sobre todo en nuestra relación con el Señor.

Es como cuando una mujer está embarazada y dentro de ella se encuentra él bebe ahí adentro de su vientre él bebe es alimentado atreves del cordón umbilical ahí adentro él está cómodo, calientito y seguro, pero llega el momento de los 9 meses y él bebe tiene que salir del vientre de la madre y es ahí donde nace a un mundo nuevo donde siente frio y el doctor le da una palmadita para que llore también saca la flema de su boca y ahora ese niño tendrá que acostumbrarse a un nuevo ambiente donde tendrá frio ahora tendrá que usar su boca para tomar su leche porque ha nacido a un nuevo mundo donde tendrá que usar sus manos, sus pies, y todo su ser para poder crecer cada vez que se alimente, de esta manera es el cristiano que acepta a Jesús como su único y suficiente salvador de su vida, tendrá que comenzar a crecer espiritualmente es un proceso de crecimiento ha pasado de muerte a vida, o sea de muerte espiritual a una nueva vida en cristo ahora aprenderá a leer la palabra de Dios, comenzara a congregarse a compartir con otros su Fe.

TONY CHEVEZ

CAPITULO 5

La Dieta del P.A.V.O.

PARA PODER CRECER a una vida espiritual en Cristo Jesús y para este crecimiento espiritual necesitara una dieta espiritual la cual yo le llamo la dieta del pavo.

LA DIETA DE P.A.V.O.

P= palabra de Dios la Biblia, Tenemos que leerla.
A= ayuno abstenerse de alimento para el cuerpo.
V=vigilia Jesús dijo que teníamos que velar, velad pues.
O=oración una vida llena de oración. Orando en todo tiempo.

Cuando acepta a cristo como su único salvador de su vida, es sellado por el Espíritu santo y ahora tendrá que comenzar a leer la palabra de Dios, a reunirse o congregarse con otros que comparten su Fe. Participar de las vigilias, los ayunos y una vida de oración constante.

El leer, el escudriñar constantemente la Palabra de Dios nos instruye en el camino santo, "Escudriñad las Escrituras; porque a vosotros os parece que en ellas tenéis la vida eterna; y ellas son las que dan testimonio de mí" (Juan 5:39), abriéndonos el paso para la comunicación del evangelio; como predicadores, todos nosotros, debemos hablar de las Escrituras, pero debemos hacerlo empleando la misma Palabra, poniendo por sobre todas las cosas el énfasis en la figura de Cristo, remarcando que Jesús es el Señor, "Que si confesares con tu boca que Jesús es el Señor, y creyeres en tu corazón que Dios le levantó de los muertos, serás salvo. Porque con el corazón se cree para justicia, pero con la boca se confiesa para salvación" (Romanos 10:9-10) y dando permanente testimonio de la autoridad que le ha sido conferida a través de su muerte, crucifixión, resurrección y ascensión a los cielos, para aún allí continuar desarrollando la tarea de abogacía ante el Padre Celestial, intercediendo por nuestras faltas y pecados.

Debemos tomar conciencia de que todo acto, toda acción y aún todo pensamiento que sea contrario a la voluntad de Dios, todo aquello que se contrapone con sus leyes y estatutos, están dañando el testimonio, "¿Tienes tu fe? Tenla para contigo delante de Dios. Bienaventurado el que no se condena a sí mismo en lo que aprueba" (Romanos 14:22) y la comunión con el Señor, debemos mantener en todo momento una vida de santidad, "Sed santos, porque yo soy santo" (1 Pedro 1:16), para que el Espíritu Santo pueda ejercer la acción transformadora en nuestras vidas; cuando nos salimos de los propósitos de Dios, cuando abandonamos o simplemente nos apartamos de la santidad que el Señor desea, dañamos la relación con Él y dañamos así mismo el templo del Espíritu Santo que es nuestro cuerpo.

Hemos sido hechos salvos para creer en las promesas del Señor y cumplir con su voluntad, reflejando en nosotros su luz, hemos sido llamados para ser lumbreras a las naciones.

Filipenses 2:15, para que seáis irreprensibles y sencillos, hijos de Dios sin mancha en medio de una generación maligna y perversa, en medio de la cual resplandecéis como luminares en el mundo. Pero para ello debemos estar llenos de Cristo, saturados del Espíritu Santo, de manera que hayamos sido moldeados conforme a su magnificencia; y vendrán las luchas, no terrenales sino espirituales, "Porque no tenemos lucha contra sangre y carne, sino contra principados, contra potestades, contra gobernadores de las tinieblas de este siglo...."(Efesios 6:12, y debemos ser bien conscientes de ello puesto que vivimos en el mundo y el príncipe de este mundo es Satanás, quien tratará de vencernos, y es allí donde se pondrán en acción los anticuerpos espirituales que hemos generado a través de la Palabra, y perseverando en fe y oración constante es que echaremos fuera de nuestras vidas al enemigo y generaremos vallados en rededor nuestro.

Una mente dependiente del Espíritu Santo es aquella en que la oración ocupa un lugar preferencial y constante; depender del Señor es orar sin cesar poniendo nuestros propios deseos en conjunción con los de Él, enfrentando de esta forma nuestras luchas en la seguridad de que la ayuda del Señor vendrá a su tiempo y conforme a las promesas dadas en su Palabra. Nuestra fortaleza es Cristo.

2 corintios 10:5 derribando argumentos y toda altivez que se levanta contra el conocimiento de Dios, y llevando cautivo todo pensamiento a la obediencia de Cristo. Cuando el diablo manda un dardo a tu mente, no hay que coquetear o jugar con él, inmediatamente tienes que llevarlo a la obediencia de cristo. Y poder así estar de pie.

Efesios 6:10, por lo demás, hermanos míos, fortaleceos en el señor, y en el poder de su fuerza. Él nos ha dado libertad; si bien en el Antiguo Testamento la libertad parece más conmovedora, o más humana, o tal vez más tangible por tratarse de una libertad eminentemente física, en el Nuevo Testamento alcanza el alma y la vida espiritual, "Estad, pues, firmes en la libertad con que Cristo nos hizo libres, y no estéis otra vez sujetos al yugo de la esclavitud" Gálatas 5:1 y así serviremos en libertad, en la seguridad de que el Señor nos sostiene con su mano de justicia y de poder.

Decíamos anteriormente que vendrán luchas y vendrán tentaciones, pero estaremos fortalecidos en la Palabra de

Dios, y es la Palabra misma que nos dice: "Bienaventurado el varón que soporta la tentación; porque cuando haya resistido la prueba, recibirá la corona de vida, que Dios ha prometido a los que le aman "no es pecado ser tentados, todos seremos tentados en nuestra vida la cuestión es que harás tu cuando llegue la tentación huiras de ella o caerás ante ella.

Si el diablo tentó a nuestro señor Jesucristo en el desierto y no lo respeto, cuanto más nosotros que somos sus hijos, pero el señor nos ha dado la salida invoca el nombre de cristo para vencer porque somos más que vencedores.

Santiago 1:12, bienaventurado el varón que soporta la tentación; porque cuando haya resistido la prueba, recibirá la corona de la vida, que Dios ha prometido a los que le aman. así venceremos y obtendremos la bendición; la bendición no está en los que no tienen tentación, sino que es para el que la sufre y vence; el mismo Señor Jesucristo sufrió y padeció las tentaciones y los ataques contra sí mismo.

Él fue tentado en el desierto Lucas 4:1-13 pero fortalecido en la Palabra venció al enemigo.

"En aquel tiempo se llegaron los discípulos a Jesús, diciendo: ¿Quién es el mayor en el reino de los cielos? Y llamando Jesús a un niño, le puso en medio de ellos, Y dijo: De cierto os digo, que, si no os volviereis, y fuereis como niños, no entraréis en el reino de los cielos. Así que, cualquiera que se humillare como este niño, éste es el mayor en el reino de los cielos" Mateo 18:2-4.

La paradoja divina era muy evidente: Ese niño humillado, en su debilidad, tenía más poder que todos aquellos grandes discípulos de Cristo que discutían acerca de quién iba a ser el mayor en el Reino de los Cielos.

Puesto que Jesús puso de ejemplo a ese niño, estudiemos acerca de ese niño y de su carácter. Ese niño el cual Jesús puso en medio de ellos como ejemplo a seguir se encontraba en la casa donde Jesús vivía en Capernaum. No sabemos quiénes eran los padres de ese niño, posiblemente era hijo de alguno de los cuidadores de la casa, o quizás hijo de algún vecino cercano. Evidentemente, ese niño era muy conocido de Jesús, y seguramente el niño, a su vez, conocía bien a Jesús. Jesús no se iba a equivocar a la hora de dar un ejemplo a sus discípulos. Ese era un niño muy sencillo y sensible que se humilló ante el llamamiento de Jesús y por el hecho de estar en medio de los discípulos:

"La verdadera humildad no es señal de debilidad, sino de fortaleza, ya que espera y reposa en Dios y en Su fuerza" Ese niño era como hemos de ser nosotros también. Veámoslo con atención:

Se humilló ante los demás: Esa sana humillación es la condición para ser grande en el Reino de los Cielos:

1.- No se sintió humillado a causa de su orgullo herido, sino que voluntariamente se humilló porque era humilde de corazón. No se sintió mal u ofendido porque atentarán contra su intimidad personal.

2.- Tampoco experimentó temor de ser reprendido, porque tenía la conciencia en paz.

3.- Sólo se humilló ante los presentes, tal y como los niños hacen sin contaminar.

Poco antes enseñó Jesús: Mateo 5: 3 "Bienaventurados los pobres en espíritu, porque de ellos es el reino de los cielos".

"Pobres de espíritu" es aquel que reconoce su propia debilidad e insuficiencia como hombre, y decide depender y esperar en Dios. Todo ello es sinónimo de verdadera humildad. Lo contrario de orgullo es la humildad, y esa, es la vía para una entrada generosa en el Reino de los Cielos: Santiago 4: 6 "Dios resiste al soberbio y da gracia al humilde"

Pablo lo enseñó magistralmente: Filipenses 2: 3-11 "Nada hagáis por contienda o por vanagloria; antes bien con humildad, estimando cada uno a los demás como superiores a él mismo; no mirando cada uno por lo suyo propio, sino cada cual también por lo de los otros. Haya, pues, en vosotros este sentir que hubo también en Cristo Jesús, el cual, siendo en forma de Dios, no estimó el ser igual a Dios como cosa a que aferrarse, sino que se despojó a sí mismo, tomando forma de siervo, hecho semejante a los hombres; y estando en la condición de hombre, se humilló a sí mismo, haciéndose obediente hasta la muerte, y muerte de cruz. Por lo cual Dios también le exaltó hasta lo sumo, y le dio un nombre que es sobre todo nombre, para que en el nombre de Jesús se doble toda rodilla de los que están en los cielos, y en la tierra, y debajo de la tierra; y toda lengua confiese que Jesucristo es el Señor, para gloria de Dios Padre".

Demasiadas veces los que nos llamamos cristianos actuamos en nuestra propia autosuficiencia y justicia propia, contrariamente al espíritu de un niño como ese. Al ir entendiendo más sobre todo este asunto: ¿Podría el Señor ponernos como ejemplo ante los demás, así como lo hizo con ese niño de Capernaum?

"El orgullo no siempre es como el ejemplo que brinda el león, es decir, directo y rugiente; muchas veces es sutil y enmascarado con falsa humildad. Normalmente somos más orgullosos que lo que solemos admitir"

Examinando acerca del corazón de ese niño de la casa de Capernaum Marcos 9: 33-37, comprenderemos mejor que es lo que el Señor espera de cada uno de nosotros en términos de carácter. Mateo 18: 4, dice así: "Así que, cualquiera que se humille como este niño, ése es el mayor en el reino de los cielos". La clave aquí es: "que se humille". Estudiemos más de cerca este concepto: Acerca de la humildad de ese niño.

"Así que, cualquiera que se humille como este niño, ése es el mayor en el reino de los cielos" Mateo 18: 4.

La humildad es una actitud del corazón; es una elección. Uno mismo decide tomar ese paso de ver a los demás como superiores a él mismo, según Filipenses 2: 3, que dice: "Nada hagáis por contienda o por vanagloria; antes bien con humildad, estimando cada uno a los demás como superiores a él mismo". Nadie puede obligar a otro a humillarse de corazón, aunque se puede llegar a humillar a muchos. Uno mismo toma la decisión de hacerse pequeño; tal y como lo hizo Cristo, quien nos da el perfecto ejemplo:

"Haya, pues, en vosotros este sentir que hubo también en Cristo Jesús, el cual, siendo en forma de Dios, no estimó el ser igual a Dios como cosa a que aferrarse, sino que se despojó a sí mismo, tomando forma de siervo, hecho semejante a los hombres; y estando en la condición de hombre, se humilló a sí mismo, haciéndose obediente hasta la muerte, y muerte de cruz" Filipenses 2: 5-8

Eso mismo hizo ese niño, se humilló, porque era lo natural en él, por ser niño. ¿Qué implica esa sana humillación?

Además de ser una actitud de corazón, la humildad posee un carácter en sí misma; una forma de ser y de actuación, por otra parte, totalmente contraria a su antítesis, que es la soberbia y el orgullo.

Siguiendo el ejemplo del niño de Capernaum, en esa verdadera humildad expresada por él, encontramos entre otros los siguientes elementos: Elementos de la verdadera humildad:

La creencia y confianza: La humildad tiende a esperar siempre lo mejor de los demás, y por otra parte, no se resiente si al final eso no ocurre. Ese niño de Capernaum se humilló porque confió en el llamamiento de Jesús; por eso no le importó que le pusieran en medio de los discípulos.

Lo contrario a esto es el orgullo, el cual por esencia es desconfiado y si se arriesga alguna vez a confiar y luego se apercibe de que su presunta confianza ha sido burlada, o piensa que ha sido así, se vuelve amargado y resentido. Esa confianza que emana de la humildad no está basada en la ingenuidad, sino en la inocencia.

La sencillez: La verdadera humildad reposa en la sencillez. ¿Qué hay más sencillo que un niño? No se parapeta tras ningún tipo de ostentación, sea de tipo material, intelectual, de apariencia, La verdadera humildad se muestra tal y como es, en la belleza de su sencillez e inocencia.

El que pretenda añadir algo más al valor y al Don que Dios le ha dado en la vida, se aparta de la humildad verdadera

La dependencia: Debido a que reconoce que en sí misma no puede ir muy lejos, la verdadera humildad busca la dependencia de Dios. El salmista lo expresó con claridad: "En Dios solamente está acallada mi alma; de Él viene mi salvación. El solamente es mi roca y mi salvación; es mi refugio..." Salmo 62: 1, 2. Esa dependencia también la dirige hacia los demás. No es una dependencia egoísta y exigente, sino es esa misma dependencia que existe entre los miembros de un mismo cuerpo y que el apóstol Pablo expresó con tanta claridad:

"El cuerpo no es un sólo miembro, sino muchos. Dios ha colocado los miembros cada uno de ellos en el cuerpo, como Él quiso. Porque si todos fueran un solo miembro, ¿dónde estaría el cuerpo? Son muchos los miembros, no obstante, el cuerpo es uno solo. Ni el ojo puede decir a la mano: No te necesito, ni tampoco la cabeza a los pies: No tengo necesidad de vosotros" I Corintios 12: 14, 18-21. Hemos sido llamados a vivir vidas de sana interdependencia entre nosotros como cuerpo de Cristo que somos.

La valentía: Contrariamente a lo que muchos podrían suponer, la verdadera humildad es valiente. El niño de Capernaum fue muy valiente al creer, confiar, depender de Jesús y obedecerle cuando le llamó para ponerse en medio de los discípulos. No se puso a la defensiva, sino que actuó de forma totalmente vulnerable y dócil. La docilidad y la vulnerabilidad son virtudes de la mansedumbre; y ésta es la mayor de las fuerzas. El verdadero valiente es manso. El que tiene el hábito de estar a la defensiva, todavía no ha crecido suficientemente en mansedumbre.

La transparencia: La verdadera humildad obra en la base de la transparencia, de la luz, de la verdad. Nada tiene que ocultar, y tampoco se jacta de no ocultar nada. Obra con naturalidad, porque esa transparencia es parte de la naturaleza del Espíritu Santo.

Leemos en 1 Juan 1: 5-7; "Este es el mensaje que hemos oído de él, y os anunciamos: Dios es luz, y no hay ningunas tinieblas en él. Si decimos que tenemos comunión con él, y andamos en tinieblas, mentimos, y no practicamos la verdad; pero si andamos en luz, como Él está en luz, tenemos comunión unos con otros, y la sangre de Jesucristo su Hijo nos limpia de todo pecado". Sólo el que es transparente según la verdadera humildad anda en luz.

El Espíritu enseñable: Al ser de naturaleza dependiente, la verdadera humildad busca el aprender. Constantemente está aprendiendo de todos y de todo. Nunca llega a la conclusión de que ya sabe suficiente; a esta conclusión sólo llegan los orgullosos y los perezosos y personas que creen saberlo todo y no necesitan aprender.

Por otra parte, la verdadera humildad posee un espíritu enseñable. No sólo es impulsada a aprender, sino también a ser enseñada. Sólo el que es verdaderamente humilde está abierto siempre a ser enseñado, porque eso requiere de un punto de sana humillación. El orgulloso desecha ser enseñado porque cree que eso atenta contra su valor, contra su posición o ministerio ya que esto lo hace creer en lo que sabe o cree saber.

La fidelidad: La verdadera humildad es fiel. La fidelidad es condición imprescindible para ser digno de confianza. Hay demasiados creyentes que se quejan de que no ven que se confía en ellos; esto es porque posiblemente, no son dignos de confianza debido a que no son fieles. El niño de Capernaum era digno de confianza porque era fiel, y lo demostró al confiar y obedecer el llamamiento de Jesús. La fidelidad es virtud inexcusable del verdadero compromiso. El que vive comprometido hacia Dios y hacia los demás está demostrando que es fiel.

La inocencia: La inocencia sólo puede hallarse en el seno de la verdadera humildad, nunca en el orgullo. Muchos han confundido la inocencia con la ingenuidad y se han burlado de ella. No obstante, la Biblia nos enseña a hacer distinción entre una y la otra. En la misma epístola de I de Corintios, versículo 20, el apóstol Pablo enseña: "Hermanos, no seáis niños en el modo de pensar, sino sed niños en la malicia, pero maduros en el modo de pensar", "la inocencia no entiende de orgullo"

La humildad elemento insustituible de la autoridad espiritual. La verdadera humildad es condición indispensable para ejercer verdadera autoridad espiritual. Si Cristo, que tiene todo el poder y autoridad en los cielos y en la tierra, en alguna manera se comparó con aquel niño de Capernaum, nosotros que somos Suyos, deberemos prestar mucho más que simple atención a esa virtud, la cual el mismo,

Señor nos ordenó que aprendiésemos de Él: "Llevad mi yugo sobre vosotros, y aprended de mí, que soy manso y humilde de corazón…" Mateo 11: 29. Solamente aquel que ande en verdadera humildad podrá ejercer auténtica y eficazmente la autoridad de Cristo.

Pidamos que el Espíritu Santo haga brotar en nosotros cada vez más verdadera humildad, recordando que dicha humildad parte de una auténtica actitud de corazón sin hipocresía ni apariencia de piedad.

TONY CHEVEZ

CAPITULO 6

EL REINO DE DIOS

E L REINO DE Dios es base de la vida cristiana. Por lo que es importante que los Creyentes, conozcan sobre la necesidad del Desarrollo y Crecimiento Espiritual, practicando la humildad y el amor en sus vidas. Si se desconoce que alcanzar el Reino de Dios es prioridad en la vida cristiana, o no se decide en iniciar con el crecimiento espiritual para llevar una vida santa, con lo que contaremos entonces será con creyentes dormidos y muertos en el espíritu.

Ahora podemos leer algunos versículos con comentarios que hablan sobre la importancia del reino de Dios, por lo que he tomado sólo algunos versículos citados del libro de Mateo y parte de lo dicho evidencian las enseñanzas que nos llevan al Reino de los cielos, con normas para vivir en Santidad.

a) Mt.3:2 "Y diciendo: Arrepentíos, porque el reino de los cielos se ha acercado"

Esta era la prédica de Juan el bautista, que se arrepintieran; abandonaran sus malas obras porque se acercaba el reino de los cielos. La primera condición para entrar en el reino es esta: Arrepentimiento de las faltas y pecados cometidos. Sin arrepentimiento no hay perdón de pecados.

b) Mt.4:17 "Desde entonces comenzó Jesús a predicar, y a decir: Arrepentíos, porque el reino de los cielos se ha acercado"

Jesucristo comienza su ministerio predicando exactamente lo mismo que Juan el Bautista: Arrepentirse porque el reino de Dios se ha acercado; indicando así también, la primera condición para entrar en el reinado de Dios, el arrepentimiento, cambio de actitud, cambio de ruta, cambio de camino, cambio de forma de vida.

c) Mt. 5:3 "Bienaventurados los pobres en espíritu, porque de ellos es el reino de los cielos"

En este versículo se ve otra condición necesaria para entrar en el reino de Dios y es el ser necesitados y no autosuficientes. Según la enseñanza de este versículo muestra también lo contradictorio de las riquezas monetarias a la hora de entrar al reino, en Lucas tan sólo dice bienaventurados los pobres y es conocida la historia del joven rico que se acercó a Jesús en donde su riqueza le fue estorbo para entrar en el reino Mt.19:16-24.

d) Mt. 5:10 "Bienaventurados los que padecen persecución por causa de la Justicia, porque de ellos es el reino de los cielos"

Muchas veces el volverse al cristianismo, el ser verdadero cristiano trae persecución, Jesús acá dice felices los que pasan por esto, otra condición para estar dentro del reino es sufrir persecución o tribulación por causa de Cristo.

e) Mt.7:21 "No todo el que me dice: Señor, Señor entrará en el reino de los cielos, sino el que hace la voluntad de mi Padre que está en los cielos"

No basta con decir Señor, Señor, hay que hacer la voluntad de Dios para entrar en su reino. Para uno estar bajo el dominio de Dios hay que cumplir con lo que es su voluntad. Ante la pregunta ¿Cómo entrar en el reino de Dios? la respuesta sería haciendo la voluntad de Dios y nacer de nuevo.

f) Mt. 8:11" Y os digo que vendrán muchos del oriente y del occidente, y se sentarán con Abraham e Isaac y Jacob en el reino de los cielos; más los hijos del reino serán echados a las tinieblas de afuera"

Acá se ve la existencia de dos reinos: "el reino de los cielos" y "los hijos del reino" que serán echados a las tinieblas, los que no están en el reino de los cielos quedarán fuera del reino de Dios, separados de Dios, en las tinieblas de afuera.

g) Mt. 10:7 "Y yendo, predicad, diciendo: El reino de los cielos se ha acercado"

Lo que uno debe predicar es el reino de los cielos, esto es lo que mandó Jesús. Y muchas veces lo que escuchamos hoy en día de los predicadores modernos y de la prosperidad que solo hablan de dinero, fama y fortuna, por eso hoy más que nunca tenemos que predicar la salvación que solo viene através de cristo Jesús señor nuestro, porque la salvación es uno de los privilegios de estar en el reino de los cielos.

El reino de los cielos no es simplemente hacer una oración o ir a una iglesia, es mucho más. Luego si se continúa leyendo se ven los métodos o instrucciones para predicar: "sanad enfermos, limpiar leprosos, resucitar muertos, echad fuera demonios, de gracia recibisteis dad de gracia"

h) Mt.11-12 "De cierto os digo: entre los que nacen de mujer no se ha levantado otro mayor que Juan el Bautista; pero el más pequeño en el reino de los cielos, es mayor que él. Desde los días de Juan el Bautista hasta ahora, el reino de los cielos sufre violencia, y los violentos lo arrebatan" Estar en el reino de los cielos es conflictivo, requiere coraje; no es algo fácil; por eso se habla de la violencia o el esfuerzo que uno debe hacer para entrar en el reino de Dios y que solo atraves del arrepentimiento de nuestros pecados podemos recibir salvación, no hay otro medio ni camino solo Jesús es el camino, la verdad y la vida.

i) Mt.13:11 "El respondiendo, les dijo: porque a vosotros os es dado saber los misterios del reino de los cielos; más a ellos no les es dado"

Los que están dentro del reino poseen un código, que los de afuera no entienden; los misterios del reino, parábolas y enseñanzas son entendibles para aquel que está dentro, los de afuera no entienden, ejemplo: cuando un cristiano tiene un problema dentro de la iglesia, si se lo cuenta a un no cristiano este seguramente no va a entender nada, entender mal o decir cualquier cosa. Ya que solo el hombre o la mujer espiritual entenderá como las palabras que usamos en la jerga cristiana como salvo, inconverso, insircunciso, perdido, infierno, cielo, palabras que un hombre natural nunca las entenderá ya que para el son locura.

j) Mt.13:24 "Les refirió otra parábola, diciendo: el reino de los cielos es semejante a un hombre que sembró buena semilla en su campo"

En la iglesia hay de todo, ovejas y cabritos y lobos vestidos de ovejas, pero al final cada cosa estará en su lugar, y Dios quitará la máscara de los falsos maestros y Dios colocará el orden en su reino.

k) Mt.13:31 "El reino de los cielos es semejante a un grano de mostaza, que un hombre tomó y sembró en su campo"

El reino es algo que tomándolo va creciendo hasta tener dimensiones muy grandes.

l) Mt.13:33 "Otra parábola les dijo: El reino de los cielos es semejante a la levadura que tomó una mujer, y escondió en tres medidas de harina, hasta que todo fue leudado" Cuando el reino se mete en un lugar produce resultados, crecimiento, se expande.

m) Mt.13:44: "Además, el reino de los cielos es semejante a un tesoro escondido en un campo, el cual un hombre halla, y lo esconde de nuevo; y gozoso por ello va y vende todo lo que tiene, y compra aquel campo"

Invierte toda su vida, todo lo que tiene por el reino de los cielos.

n) Mt.13:45 "También el reino de los cielos es semejante a un mercader que busca buenas perlas"

En el primer ejemplo el tesoro es hallado en un campo sin buscarlo, en este caso es la mejor piedra buscada por un comerciante. Es hallada y se despoja de todo lo que tiene para adquirirla.

ñ) Mt. 13:47 "Asimismo el reino de los cielos es semejante a una red, que echada en el mar, recoge de toda clase de peces"

En la iglesia se recoge de todo, en el fin de los siglos como sigue diciendo a continuación de este versículo Jesús, dice que allí se separarán los malos de entre los justos.

o) Mt.13:52 "Él les dijo: por esto todo escriba docto en el reino de los cielos es semejante a un padre de familia, que saca de su tesoro cosas nuevas y casas viejas"

Hace alusión a la casa de Dios, del tesoro de la Palabra de Dios se saca cosas nuevas y viejas, todo cobra vida en la predicación de la palabra de Dios que da vida y vida en abundancia.

p) Mt.16:19: "Y a ti te daré las llaves del reino de los cielos; y todo lo que atares en la tierra será atado en los cielos y todo lo que desatares en la tierra será desatado en los cielos"

Jesús es la roca, Pedro por lo que dice, de que Jesús es el Cristo, el hijo del Dios viviente, también es fundamento. Los creyentes deben tener como fundamento para entrar en el reino, en la revelación que nos dio Jesucristo y sus discípulos, y esto nos da autoridad como hijos de Dios. Jesús es el fundamento, lo que dijo Pedro es una base y ahí se encuentra la llave de entrada al reino.

q) Mt.18:1: "En aquel tiempo los discípulos vinieron a Jesús, diciendo: ¿Quién es el mayor en el reino de los cielos?"

Aquí Jesús muestra otra condición para entrar en el reino: ser como niños, inocentes, humildes.

r) Mt. 18:23: "Por lo cual el reino de los cielos es semejante a un rey que quiso hacer cuentas con sus ciervos" (Los dos deudores, uno debía mil talentos, otro le debía a estos cien denarios, mucho menos de un talento).

Acá habla sobre el sistema del reino: Dios me perdonó mucho, yo debo perdonar lo poco de mi hermano. Si yo no perdono Dios se enoja y no me perdona.

s) Mt. 19:12 "Pues hay eunucos que nacieron así del vientre de su madre, y hay eunucos que son hechos eunucos por los hombres, y hay eunucos que a sí mismos se hicieron eunucos por causa del reino de los cielos. El que sea capaz de recibir esto que lo reciba"

Sobre el renunciar a cosas terrenales por el Señor, tiene su costo, pero tendrá muchas recompensas y al final la vida eterna.

t) Mt. 19:14 "Pero Jesús dijo: Dejad a los niños venid a mí, y no se lo impidáis; porque de los tales es el reino de los cielos"

Nuevamente una alusión a que de los niños es el reino de los cielos, es necesario ser como un niño, tener fe inconmovible de lo que dice el padre, pureza, y tener esa inocencia de niño, cuando usted le promete algo a un niño ellos lo creen y no se les olvida nada porque lo creen y así Dios quiere que nuestra confianza este en El.

u) Mt. 19:23 "Entonces Jesús dijo a sus discípulos: De cierto os digo, que difícilmente entrará un rico en el reino de los cielos"

Tal cual como dice: las riquezas dificultan la entrada en el reino.

v) Mt.20:1 "Porque el reino de los cielos es semejante a un hombre, padre de familia, que salió por la mañana a contratar obreros para su viña"

Dios da la recompensa en el momento que él quiere, cuando quiere. No necesita dar explicación, ni hay que pedirle cuentas a Dios por lo que El hace.

w) Mt.22:2 "El reino de los cielos es semejante a un rey que hizo fiesta de bodas a su hijo" (Parábola de la fiesta de las bodas).

En el reino están todos invitados, pero sólo los que hacen la voluntad de Dios entrarán, los que acepten esa invitación podrán entrar y solo es atraves de su hijo Jesús.

x) Mt. 23:13 "Mas ¡Ay de vosotros, escribas y fariseos, hipócritas! Porque cerráis el reino de los cielos delante de los hombres; pues ni entráis vosotros, ni dejáis entrar a los que están entrando"

Los prejuicios del liderazgo pueden ser muchas veces de bendición o de tropiezo. No hay que poner al otro, cargas que no corresponden. Hoy en día debido al mal testimonio de muchos líderes dentro de la iglesia muchos no entran al reino de Dios, recuerda Dios nos pedirá cuentas por esas ovejas es mejor cuidar nuestro camino y no ser piedra de tropiezo.

y) Mt. 25:1 "Entonces el reino de los cielos será semejante a diez vírgenes que, tomando sus lámparas, salieron a recibir al esposo"

Hay que tener el Espíritu Santo en todo tiempo y ser de las vírgenes prudente y estar listos cuando venga el esposo, porque las vírgenes imprudentes no entraran al reino de los cielos.

z) Mt. 25:14 "Porque el reino de los cielos es como un hombre que, yéndose lejos, llamó a sus siervos y les entregó sus bienes" (Parábola de los talentos)

Al que más se le da, más se le demanda, es que debemos multiplicar los talentos y dones que Dios nos dio y multiplicarlo Para entrar en el reino hay que producir fruto, No podemos ser siervos malos.

CAPITULO 7

LA JUSTIFICACION

VARIAS HAN SIDO las ocasiones que nos ha tocado presenciar los bautismos de personas que han confesado creer en Jesucristo como Salvador y Señor de sus vidas. Creo que la mayoría de nosotros hemos tenido la oportunidad de ver personas que han recibido a Cristo en sus vidas y enseguida se han puesto a servir al Señor con todo su corazón. Hemos sido testigos de ver personas que han tenido cambios rotundos en su carácter.

Seguramente hemos visto también personas que sus vidas como cristianos han sido derrotas constantes. Estas personas no han tenido cambios en su carácter ni han crecido espiritualmente.

"Satanás no está preocupado por cuánta gente va a la iglesia, si lo que ellos hacen es sentarse, escuchar y salir. A él no le molesta que se siembre la semilla, siempre y cuando él pueda robarla."

¿Por qué algunas personas triunfan en su vida espiritual y otras fallan? La respuesta es: Porque cada uno elige.

"Así como han obedecido siempre... lleven a cabo su salvación con temor y temblor, pues Dios es quien produce en ustedes tanto el querer como el hacer para que se cumpla su buena voluntad." Filipenses 2:12-13

En otras palabras: "Debemos ser más cuidadosos en poner en acción la obra salvadora de Dios en nuestras vidas, obedeciendo a Dios con profunda reverencia y temor. Porque Dios está trabajando en cada uno de nosotros, dándonos el deseo de obedecerlo y dándonos el poder para hacer lo que le agrada a Él."

Muchas veces que decimos estar esperando en Dios, Él está esperando por nosotros.

Hay algunas cosas que sólo Dios puede hacer, y hay cosas que sólo nosotros podemos hacer. Sólo Dios puede salvar una persona. Sólo Dios puede perdonar y olvidar nuestros pecados. Esto no podemos hacerlo nosotros.

Pero, sólo nosotros podemos creer. Sólo nosotros podemos arrepentirnos. Sólo nosotros podemos seguir a Dios. Dios no lo hará por nosotros. Él nos ha dado libre albedrío con la habilidad de elección. Así que el éxito en la vida cristiana viene por nuestra buena disposición en el corazón y tomar una decisión a quien vamos a servir al diablo o a Cristo.

Cuando otros nos miran ¿podrán ver los cambios en nuestro carácter y en nuestra conducta? ¿Pueden decir los demás que realmente somos seguidores de Cristo?

Una cosa es ser un nuevo creyente, alguien que recién entrega su vida a Jesucristo; pero, otra cosa es haber conocido al Señor por un año, cinco años, diez años, ¡o más! Y vivir en un estado de estancamiento espiritual, donde no hay un desarrollo y crecimiento.

Es por eso que tenemos que entender que Uno de los principios fundamentales para un éxito espiritual es leer la biblia, estudiar, y tener amor por la Palabra de Dios. Todo lo que necesitamos saber de Dios lo podemos encontrar en la Biblia. ¡Es por eso que debemos amarla! Tenemos que aprender a estudiarla y memorizarla. Si no hacemos estas cosas, no vamos a tener éxito en nuestra vida espiritual, Y viviremos una vida de derrota y bancarrota espiritual.

Muchas veces hemos escuchado: "No conozco lo suficiente la Biblia"; por esta razón, entiendo que muchos no crecen espiritualmente. Considero que hoy es tiempo de empezar a leerla, y estudiarla, y memorizarla. Al tener el hábito de leer las Escrituras, uno empieza a darse cuenta ¡qué relevante es la Biblia para toda la vida!

Algunos cristianos no toman el tiempo para leer la Biblia, invierten tiempo en otras cosas que no edifican Y es una lástima, ya que la Biblia nos enseña cómo vivir, la biblia es el mapa el GPS para entrar al reino de los cielos.

"Toda la Escritura es inspirada por Dios y útil para enseñar, para reprender, para corregir y para instruir en la justicia, a fin de que el siervo de Dios esté enteramente capacitado para toda buena obra." 2 Timoteo 3:16-17

En otras palabras: La Biblia está inspirada por Dios y es para enseñarnos qué es lo verdadero, y para ayudarnos a ver qué es lo que está mal en nuestras vidas. Nos da claridad y nos enseña a hacer lo bueno. Es la manera de Dios para prepararnos en nuestro diario caminar, para que estemos completamente equipados para hacer las buenas obras que Dios quiere que hagamos.

El éxito o el fracaso de nuestra vida cristiana dependen de cuánto llenamos nuestras vidas de la Palabra de Dios, y por supuesto, cuánto vivimos lo que aprendemos de ella. Si no leemos la Palabra de Dios, o aún si descuidamos el seguir estudiándola, nos podemos alejar de ella y vamos a sufrir las consecuencias, por lo tanto no podremos tener éxito en nuestra vida espiritual.

Cuando miramos a una persona que está desesperada al pasar por un problema, lo más probable es que esa persona no está poniendo en práctica lo que la Biblia dice. Aún, muchos de los problemas en los que la gente se mete tienen que ver por no vivir lo que dicen las Escrituras.

Dios no quiere arruinar nuestras vidas cuando pone mandamientos que parecen difíciles de vivir, Él quiere prevenirnos de aquello que puede dañar nuestra vida… es más, no sólo prevenirnos del mal, sino que quiere guiarnos a vivir una vida exitosa y a ofrecernos entonces felicidad cuando se vive de acuerdo a Su Palabra.

Pero la Biblia debe ser más, que una propuesta más, debe ser nuestra guía.

Necesitamos leerla cada día, y obedecer lo que ella dice. Si hacemos esto, entonces tendremos crecimiento espiritual, y por lo tanto una vida verdaderamente exitosa. Para poder triunfar en la vida hay que vivir lo que dice la Palabra de Dios, y eso requiere disciplina personal, no hay atajos cortos tenemos que pagar el precio. Así que levántate y se muy valiente y triunfa.

Los triunfadores expresan la autodisciplina de seis maneras diferentes:

1. Los triunfadores manejan su estado de ánimo. Viven de acuerdo a sus compromisos, no sus emociones. La mayoría de las cosas que se logran en el mundo es por personas que hacen lo correcto ¡aun cuando no tienen ganas! "Como ciudad sin defensa y sin murallas es quien no sabe dominarse." Proverbios 25:28

2. Los triunfadores vigilan sus palabras. Piensan antes de abrir sus bocas. "No puedes escuchar si siempre estás hablando "recuerda Dios nos dio dos oídos y una boca, es mejor escuchar bien dos veces antes de hablar, en otras palabras, hay que conectarse el cerebro a la boca antes de hablar ya que muchas veces hablamos y después pensamos y nos metemos en grandes problemas "El que refrena su lengua protege su vida…" Proverbios 13:3

3. Los triunfadores dominan sus reacciones. ¿Cuánto pueden refrenarse antes de perder el control? "El buen juicio hace al hombre paciente; su gloria es pasar por alto la ofensa." Proverbios 19:11. En otras palabras: Si somos sensatos controlaremos nuestro temperamento. Cuando nos calumnian o dicen toda cosa mala de ti, Cuando alguien nos hace mal, tenemos que perdonar

setenta veces siete como lo dijo nuestro señor jesus. es una gran virtud ignorar lo que se nos hizo.

4. Los triunfadores se apegan a sus agendas. Si no determinas cómo usarás tu tiempo, puedes estar seguro que ¡otros lo harán por ti! "Cada día se vive por prioridades o por presiones. Nosotros elegimos qué es importante en nuestra vida o alguien elegirá por nosotros." "Aprovechen al máximo cada momento oportuno." Efesios 5:16 Vive la vida entendiendo que tienes una responsabilidad, por eso usa el tiempo de la mejor manera posible.

5. Los triunfadores administran bien su dinero. Aprenden a vivir con menos de lo que ganan e invierten la diferencia. El gran valor de tener un presupuesto es que le dice a su dinero a dónde debe ir, en vez de preocuparse a dónde fue. "En casa del sabio abundan las riquezas y el perfume, [quiere decir porque ahorra,] pero el necio todo lo despilfarra." Proverbios 21:20

6. Los triunfadores cuidan su salud. De esa manera podemos realizar más cosas y disfrutar de sus logros. "Cada uno aprende a controlar su propio cuerpo, de una manera santa y honrosa (manteniéndolo puro y cuidándolo ya que es el templo del Espíritu santo.

1 Tesalonicenses 4:4. Quiere estar saludable espiritualmente: "Ejercítese a diario... camine con el Señor". ¿En dónde necesitamos desarrollar más auto-control? Las disciplinas que establezcamos hoy determinarán el éxito mañana.

Pero se necesita más que fuerza de voluntad para lograr auto-control. Se necesita un poder mayor a uno mismo. "Porque no nos ha dado Dios espíritu de cobardía, sino de poder, de amor y de dominio propio." 2 Timoteo 1:7 Por eso, no debemos conformarnos al mundo sino ser transformados por Dios. "No amoldarse al mundo actual, sino sean transformados mediante la renovación de su mente. Así podrán comprobar cuál es la voluntad de Dios, buena, agradable y perfecta." Romanos 12:2 En otras palabras: No copiar los hábitos y las costumbres de este mundo, pero dejemos a Dios transformarnos en nuevas personas cambiando la manera en que pensamos. Entonces vamos a conocer lo que Dios quiere que hagamos.

"La decisión de crecer siempre requiere una elección entre riesgo y comodidad."

Las cosas sutiles del mundo pueden influenciar nuestras vidas. Los cambios no suceden de una manera dramática, no pasa de una noche a la mañana. Es algo gradual, causando erosión en nuestras vidas... cuando nosotros bajamos nuestros estándares. Pronto, las cosas de Dios ya no apelan tanto en nuestras vidas, y las cosas del mundo empiezan a tener gran influencia en nuestros pensamientos.

Llega el momento en que ni siquiera tenemos interés en las cosas de Dios. Nosotros tenemos que decidir: o nos conformamos a este mundo, o somos transformados por la renovación de nuestras mentes. Es lo uno o es lo otro vivimos en los tiempos de Daniel 12:4 donde Dios le dijo a Daniel que en los postreros días la ciencia se aumentara. Un ejemplo este sistema donde la tecnología está adelantándose al futuro como los televisores inteligentes [Smart tv] teléfono inteligente, tabletas, drones voladores, relojes inteligentes iWatch etc. Las redes sociales como el twitter, YouTube, pinterst, LinkedIn, Instagram, Tumblr, flickr, badoo, MySpace, hi5, y Facebook ha hecho que la gente sea adicta a estas redes y este más pegada a las redes en internet que buscando de Dios nos toca elegir. Recuerde que todo esto cuando lo utilizamos para que el evangelio siga expandiéndose sobre el mundo, está bien, pero me refiero a las personas que se volvieron adictas a estas cosas y son controladas por las mismas.

La vida en Cristo es una vida de reposo. Tal vez no haya un estado exaltado en los sentimientos, pero habrá una confianza continua y apacible. Tu esperanza no es en ti mismo, sino en Cristo. Tu debilidad está unida a Su fuerza, tu fragilidad a Su eterno poder y tu ignorancia a Su sabiduría. Así que no has de mirar a ti mismo ni depender de ti mismo, pero mira a Cristo. Piensa en Su amor, en la belleza y perfección de Su carácter. Cristo en Su abnegación, Cristo en Su humillación, Cristo en Su santidad y pureza, Cristo en Su incomparable amor, tal es el tema que debe contemplar el alma. Amándole, imitándole, dependiendo enteramente de Él, es como serás transformado a Su semejanza.

Jesús nos dice: "Permaneced en Mí." Estas palabras expresan una idea de estabilidad, confianza, descanso. También nos invita: "Venid a Mí... y Yo os haré descansar." Mateo 11:28. Estas palabras del salmista indican el mismo pensamiento: "Guarda silencio ante Jehová, y espera en Él." Salmos 37:7. E Isaías asegura que "en quietud y en confianza será vuestra fortaleza." Isaías 30:15. Este descanso no se obtiene en la inactividad; porque en la invitación del Salvador la promesa de descanso va unida a una llamada al trabajo: "Llevad Mi yugo sobre vosotros, y aprended de Mí... y hallaréis descanso para vuestras almas." Mateo 11:29. El corazón que descansa totalmente en Cristo es el más ardiente y activo en el trabajo para Él.

Cuando pensamos mucho en nosotros mismos, nos alejamos de Cristo, la fuente de la fortaleza y la vida. Por esto Satanás se esfuerza constantemente por mantener la atención apartada del Salvador, a fin de impedir la unión y comunión del alma con Cristo. Los placeres del mundo, las perplejidades, los cuidados y tristezas de la vida, así como de nuestras propias faltas e imperfecciones, o de las ajenas, procuran desviar nuestra atención hacia todas estas cosas, o hacia alguna de ellas. No nos dejemos engañar por las maquinaciones de Satanás. Con demasiada frecuencia logra que muchos, realmente concienzudos y deseosos de vivir para Dios, se detengan en sus propios defectos y debilidades, y así logra obtener la victoria separándolos de Cristo y nunca ver el plan de Dios para sus vidas.

No debemos hacer de nuestro "YO" el centro de nuestros pensamientos, ni alimentar ansiedad ni temor acerca de si seremos salvos o no. Todo esto desvía el alma de la Fuente de nuestra fortaleza. Debemos encomendar la custodia de nuestra alma a Dios, y confiar en Él. Hablemos de Jesucristo y pensemos en Él. Que se pierda en Él nuestra personalidad. Echa toda duda y temor lejos de ti. Digamos cómo el apóstol Pablo: "Y ya no vivo yo, sino que Cristo vive en mí; y lo que ahora vivo en la carne, lo vivo en la fe del Hijo de Dios, el cual me amó y se entregó a Sí mismo por mí." Gálatas 2:20. Descansemos en Dios. Él puede guardar lo que le hemos confiado. Si nos ponemos en Sus manos, nos hará más que vencedores por medio de Aquél que nos amó.

Por lo que es muy importante para nosotros desarrollar un Crecimiento Espiritual, en nuestras vidas y poder ver en nosotros el trabajo del Espíritu Santo, y mientras maduramos en Cristo, entenderemos más de Su presencia y obra en nuestras vidas.

¿PORQUE EL RETARDO Y EL ESTANCAMIENTO ESPIRITUAL EN TU VIDA?

En el estado donde vivo siempre tenemos varias tormentas de nieve en el invierno, en la cual las calles se llenan de nieve y los carros quedan estancados en la nieve, muchos hermanos y amigos los he visto confiar en su carro cuatro por cuatro 4x4 que es muy fuerte y es un todo terreno y lo manejan con gran orgullo de manera que se han quedado estancados en la nieve. ¿La pregunta es como es posible que se queden estancados cuando tienen un vehiculo todo terreno? La respuesta es cencilla no tiene la madurez para manejar sobre la nieve todavía.

Muchas veces hemos visto hermanos y amigos que van manejando un vehiculo sencillo y que nunca se han quedado estancados, a eso yo le llamo responsabilidad y madurez ya que muchos de los que manejan los vehículos todo terreno los manejan con inmadurez porque confían que su carro nunca se quedara estancado y aceleran el vehículo de tal manera como que si no huebiera hielo o nieve en la calle.

En lo espiritual es igual usted no puede confiar en su carne porque se quedará estancado, usted tiene que confar en el Espirtiu Santo de Dios que le ayudara a avanzar hacia la meta que es el reino de Dios.

Es probable que el problema más difundido y persistente que se encuentra entre los cristianos sea el problema del letargo y retardo en el progreso espiritual. ¿A qué se debe que, años después de haber hecho una profesión cristiana, muchas personas no hayan avanzado desde su punto de partida cuando creyeron por primera vez?

Algunos tratarían de resolver la dificultad afirmando concretamente que dichas personas nunca habían sido salvas, que nunca fueron regeneradas. No son más que simples profesantes que se quedaron cortos en la verdadera conversión.

Esta pudiera ser la respuesta para una pequeña minoría. Sin embargo, este tipo de persona no es la que se lamenta por la falta de crecimiento espiritual, sino el verdadero cristiano que ha tenido una experiencia real de conversión y que confía en Cristo para su salvación. Muchos se encuentran entre los desilusionados que se lamentan de su fracaso en el progreso de la vida espiritual, y se han quedado estancados en el camino conformes con solo asistir a la iglesia cumpliendo un requisito para sentirse bien.

Las razones y causas de tal retardo en el desarrollo espiritual son múltiples. No sería justo atribuirle la dificultad y el mal a una sola falla o falta. Existe una, sin embargo, que es tan universal que fácilmente pudiera ser la causa principal: la falta de no dedicarle tiempo al cultivo del conocimiento de Dios, esto es falta de palabra, ayuno, vigilia y oración.

Es muy fuerte y poderosa la tentación de que le demos a nuestra relación con Dios un carácter judicial en vez de personal. Muchos creen que la salvación se ha reducido a un acto único que no requiere atención posterior. El nuevo creyente está consciente de un acto que realizó en lugar de reconocer que existe un Salvador viviente al cual debe seguir con lealtad y a quien debe adorar.

El cristiano es fuerte o débil en proporción directa en la medida en que se dedique al cultivo de la intimidad y del conocimiento de Dios. Nunca podríamos decir que Pablo era partidario o defensor de la escuela automática del cristianismo que aboga por una decisión de una vez por todas. Le dedicó toda su vida al arte de conocer a Cristo. «Y ciertamente, aun estimo todas las cosas como pérdida por la excelencia del conocimiento de Cristo Jesús, mi Señor. Por amor a él lo he perdido todo, y lo tengo por basura, para ganar a Cristo. Quiero conocerlo a él y el poder de su resurrección, y participar de sus padecimientos, hasta llegar a ser semejante a él en su muerte, prosigo a la meta, al premio del supremo llamamiento de Dios en Cristo Jesús.» (Filipenses 3.8, 10, 14.)

Avancemos en nuestra vida cristiana a medida que desarrollemos un conocimiento del Dios Trino en nuestra experiencia personal. Y tal experiencia requiere una vida entera de devoción a dicha tarea y la inversión de considerables periodos de tiempo en cultivar la intimidad con Dios. Se puede conocer a Dios únicamente cuando nos dedicamos y consagramos nuestro tiempo a él. El cristiano que está satisfecho con darle a Dios Su [minuto] y a pasar [un momento con Jesús] es el mismo que suele aparecer en las actividades o servicios Evangelisticos, sollozando por su retardo en su desarrollo espiritual y rogándole al evangelista que le muestre el camino para salir de su estancamiento. O que le imponga su mano y le dé, de su unción para poder tener poder y llenarse del fuego del Espíritu Santo de Dios.

Ciertamente cuando se ora por una persona y se impone manos el espíritu santo bautiza y llena de su poder, pero para estar encendido todos los días la búsqueda tiene que ser personal y diaria con el señor.

Más vale que lo admitamos de una vez por todas: no existe un atajo por el cual podamos alcanzar la santidad. Aun las crisis que atravesamos en la vida espiritual, por lo general, son el resultado de largos períodos de meditación y oración. A medida que las maravillas aumentan y deslumbran nuestra visión es probable que ocurra una crisis de proporciones trascendentes y revolucionarias. Pero esa crisis está íntimamente vinculada con lo que haya ocurrido anteriormente. Es una explosión súbita y repentina de dulzura, un manantial que brota por la presión interior del agua que se ha ido acumulando hasta que es imposible contenerla. Detrás de todo esto está el vigor y la preparación que procede como resultado de esperar y confiar en Dios.

Mil distracciones nos quisieran seducir para apartar nuestros pensamientos de Dios, pero si actuamos con sabiduría, las reprenderemos con severidad y le daremos lugar y morada al Rey e invertiremos tiempo en atenderlo como nuestro huésped. Es posible que seamos negligentes en algunas áreas de la vida espiritual sin sufrir gran pérdida, pero serlo en la comunión con Dios es lastimarnos y perjudicarnos donde menos podemos permitirnos ese lujo. Dios responderá a nuestros esfuerzos de conocerlo. La Biblia nos declara y enseña cómo; se trata exclusivamente de nuestra determinación de dedicarnos a esta santa tarea de conocer a Dios cada día hasta que estemos ante su presencia.

FUNDAMENTOS DEL CRECIMIENTO ESPIRITUAL

Cuán importante es el fundamento sobre el cual deben ser edificados los edificios y casas en zonas donde la frecuencia e intensidad sísmicas son muy altas. De igual o mayor importancia es para el cristiano edificar su vida espiritual sobre sólidos fundamentos, para que tenga un saludable y verdadero crecimiento espiritual: "Edificados sobre el fundamento de los apóstoles y profetas, siendo la principal piedra del ángulo Jesucristo mismo; En el cual, compaginado todo el edificio, va creciendo para ser un templo santo en el Señor: En el cual vosotros también sois juntamente edificados, para morada de Dios en el Espiritu" (Efesios 2:20-22).

Para el verdadero cristiano sólo Cristo es el fundamento seguro sobre el cual logrará su desarrollo espiritual. En 1ª a los Corintios 3:11 el apóstol Pablo dice: "Porque nadie puede poner otro fundamento que el que está puesto, el cual es Jesucristo".

Dios se ha revelado en Cristo, y a Cristo le conocemos por la Palabra, mediante la fe. Cristo es la Palabra eterna, es la Palabra de Vida. Las Sagradas escrituras son la Palabra de Dios en forma escrita, donde Cristo se revela a nosotros: Juan 5:39. Es pues la Palabra de Dios, la Biblia, la que, por la fe en nuestro Señor Jesucristo y la virtud del Espíritu Santo, se constituye en el sólido fundamento para el crecimiento espiritual. "Desead, como niños recién nacidos, la leche espiritual, no adulterada, para que por ella crezcáis para salvacion. (salvación)". (1ª de Pedro 2.2). Sin engaño, sin mezcla de filosofías humanas, tradiciones y nuevas teologías, como lo dijeron los reformadores: "Sólo la Escritura "sin ponerle ni quitarle.

A través de la historia bíblica Dios ha bendecido a los hombres y mujeres que tomaron en cuenta su bendita Palabra, y él continúa haciéndolo ahora. Dios se glorifica cuando se le conoce más y se le entiende: "Así dijo Jehová: no se alabe el sabio en su sabiduría, ni en su valentía se alabe el valiente, ni el rico se alabe en sus riquezas, más alábese en esto el que se hubiere de alabar: en entenderme y conocerme, que yo soy Jehová, que hago misericordia, juicio y justicia en la tierra, porque estas cosas, dice Jehová". (Jeremías 9:23-24).

Crecer en la gracia y conocimiento de nuestro Señor y Salvador Jesucristo es crecer espiritualmente, conociéndole, entendiéndole y obedeciéndole cada día. Conocer más a Cristo, guardar sus mandamientos, ser cada día más como él, debe ser el anhelo de todo verdadero cristiano.

Queda claro entonces que el fundamento para el crecimiento espiritual del cristiano está en la misma fuente de vida que la originó, es decir, CRISTO, y que los fundamentos para este crecimiento espiritual se encuentran en las claras enseñanzas de la Biblia. Veamos:

1.- En primer lugar, tener un conocimiento experimental cada vez más profundo de Dios, mediante y a través de su Palabra; esto se logrará mediante el estudio sumiso, amoroso, cuidadoso, profundo, diario, perseverante, esforzado y confiado de la Biblia, la Palabra de Dios. De esta manera creceremos en la gracia y conocimiento y el poder de Dios, para toda buena obra (2ª a Timoteo 3:16-17); tendremos dirección, sabiduría y entendimiento de la voluntad de Dios (Salmo 119:98-100, 105, 130); creceremos en humildad

(Mateo 11:29), en mansedumbre (Tito 3:2), en amor (Juan 15:12). La Palabra de Dios nos purificará cuando la obedezcamos (Salmo 119:9, 11; Juan 15:3); hará crecer nuestra fe en Dios (Romanos 10:17); estaremos dispuestos a luchar por la fe preciosa una vez dada los santos; nos dará la victoria sobre Satanás cuando la usemos correctamente (Salmo 119:11; Mateo 4:1-11; Efesios 6:12-17; 2ª a Timoteo 2:15).

2.- En segundo lugar, vivir en obediencia, dependencia e intimidad con Dios. Esto se logra mediante la oración de fe sincera, perseverante y victoriosa. Sabemos que la comunicación es el fundamento de toda relación. Las personas que no hablan nunca experimentarán una relación íntima si tú no oras entonces no hablas con Dios orar es intimida con él.

La lectura de la Biblia y la oración son dos actividades esenciales para el desarrollo de nuestra relación con Dios, es decir, para nuestro crecimiento espiritual. Mediante la oración obtenemos ayuda en tiempo de necesidad (hebreos 4:16); es el medio para obtener perdón de nuestros pecados (1ª de Juan 1:9); es el medio para obtener fortaleza espiritual (Lucas 18:1); nos acerca más a Dios (Santiago 4:8); trae gozo al creyente (Salmo 16:11); es el medio por el cual Dios provee nuestras necesidades (Mateo 7:7); la oración es el antídoto divino contra la ansiedad (Filipenses 4:6-7).

3.- En tercer lugar, otro fundamento para el crecimiento espiritual es la confianza en Dios, que se traduce en una vida de trabajo o vida de acción, principalmente el testimonio, realizado por amor supremo a Dios, y al prójimo como a nosotros mismos. Nuestro Señor Jesús demostró su confianza en su Padre Celestial al someterse a su voluntad (Juan 5:30; Salmo 40:8; Juan 6:38).

Un cristiano cuya fe está cimentada en la Palabra de Dios mostrará su confianza en Dios mediante su testimonio y este testimonio le llevará a vivir separado del pecado, en santidad y luchando contra el mal. Jesús amaba a sus prójimos, los ayudó a conocer a Dios. Él dijo: "El que me ha visto a mí ha visto al Padre" (Juan 14:9); "Yo soy el camino, y la verdad, y la vida, nadie viene al Padre, sino por mí" (Juan 14:6). Esta vida de testimonio le llevó a denunciar a aquellos que no querían entrar al reino de los cielos y tampoco dejaban entrar a otros (Mateo 23:13).

El creyente que está cimentando su desarrollo espiritual en confianza y obediencia a Dios tendrá que hacer lo mismo que nuestro Señor Jesús.

Sólo con un testimonio firme, que procede de la confianza y el conocimiento de la Palabra de Dios, de su voluntad, el cristiano fiel y verdadero podrá mantenerse firme y hacer frente a estos ataques del enemigo, que intenta destruir los cimientos de nuestro crecimiento espiritual, que son la Biblia, la oración, la fe, la obediencia, el ayuno y la confianza, y el testimonio del cristiano.

CAPITULO 8

¿Que es Crecimiento Espiritual?

Definición

EL CRECIMIENTO ESPIRITUAL es el proceso de volverse más y más como Jesucristo. Cuando ponemos nuestra fe en Jesús, el Espíritu Santo comienza el proceso de hacernos más como Jesús, conformándonos a Su imagen. El crecimiento espiritual quizá está mejor descrito en 2 Pedro 1:3-8, donde se nos dice que mediante el poder de Dios: "Como todas las cosas que pertenecen a la vida y a la piedad nos han sido dadas por su divino poder, mediante el conocimiento de Aquel que nos llamó por su gloria y excelencia, por medio de las cuales nos ha dado preciosas y grandísimas promesas, para que por ellas llegaseis a ser participantes de la naturaleza divina, habiendo huido de la corrupción que hay en el mundo a causa de la concupiscencia; vosotros también, poniendo toda diligencia por esto mismo, añadid a vuestra fe virtud; a la virtud, conocimiento; al conocimiento, dominio propio; al dominio propio, paciencia; a la paciencia, piedad; a la piedad, afecto fraternal; y al afecto fraternal, amor. Porque si estas cosas están en vosotros, y abundan, no os dejarán estar ociosos ni sin fruto en cuanto al conocimiento de nuestro señor Jesucristo."

En Gálatas 5:19-23 encontramos dos listas. En Gálatas 5:19.21 están enlistados las obras de la carne, Estas son cosas con las cuales se identificaban nuestras vidas antes de confiar en Cristo para salvación. Los hechos de la carne son las actividades que debemos confesar, arrepentirnos y con la ayuda de Dios, vencerlas. Mientras experimentamos el crecimiento espiritual, las obras de la carne, serán cada vez menos y menos evidentes en nuestras vidas. La segunda lista es los frutos del espíritu Gálatas 5:22-23. Esto es por lo que nuestras vidas deben ser identificadas, ahora que hemos experimentado la salvación en Jesucristo. El crecimiento espiritual se identifica por el evidente crecimiento del fruto del Espíritu en la vida del creyente.

Cuando tiene lugar la transformación de la salvación, se inicia el crecimiento espiritual.

El Espíritu Santo mora en nosotros (Juan 14:16-17).

Somos nuevas criaturas en Cristo (2 Corintios 5:17).

La antigua naturaleza es reemplazada con una nueva (Romanos capítulos 6-7)

El crecimiento espiritual es un proceso de toda la vida que ocurre mientras estudiamos y aplicamos la Palabra de Dios (2 Timoteo 3:16-17), y andamos en el Espíritu (Gálatas 5:16-26).

Al buscar el crecimiento espiritual, podemos orar a Dios, pidiéndole sabiduría en las áreas que Él desea que crezcamos espiritualmente. Podemos pedirle que nos ayude a aumentar nuestra fe y conocimiento de Él. Dios desea nuestro crecimiento espiritual. Dios nos ha dado todo lo que necesitamos para experimentar este crecimiento espiritual. Con la ayuda del Espíritu Santo, podremos vencer más y más el pecado, avanzando con firmeza para llegar a parecernos cada vez más a nuestro Salvador, el Señor Jesucristo. La importancia del Crecimiento Espiritual.

La voluntad de Dios es que sus hijos crezcan. Todo padre desea que su hijo tenga un sano crecimiento y si esto no sucede así es porque algo anda mal; llevará entonces al niño al médico, para diagnosticar la causa. El crecimiento es un proceso natural maravilloso que ocurre en los seres vivos, por lo cual van tomando aumento cada día hasta llegar a la madurez.

Lo que ocurre en el mundo físico también ocurre en lo espiritual. Lo físico, lo natural, sirve como alegoría de lo espiritual. El mandato de crecer está claro en la Biblia en 2ª de Pedro 3:18 "Mas creced en la gracia y conocimiento de nuestro Señor y Salvador Jesucristo".

Es importante notar lo que dice la Palabra de Dios acerca del crecimiento del Señor Jesús en Lucas 2:52, en cuanto a que él crecía en sabiduría y en edad y en gracia para con Dios y los hombres. Se refiere a un crecimiento integral, completo, perfecto: crecimiento intelectual o mental; crecimiento físico o del cuerpo; crecimiento espiritual, moral y ético.

Dios quiere que sus hijos crezcan espiritualmente. Jesús crecía físicamente, pero también espiritualmente, y allí lo tenemos a los doce años, mostrando una madurez plena en lo espiritual, porque tenía conocimiento del Padre y conciencia mesiánica. Tener diez, veinte o más años como cristianos no es necesariamente signo de madurez espiritual.

Pero el crecimiento espiritual es un proceso que comienza con el nuevo nacimiento. (Juan 3:3, 5; Tito 3:5; 1ª de Pedro 1:23-25). El propósito del crecimiento espiritual del cristiano lo dice la Escritura en Efesios 4:13. Es "para llegar a ser como Cristo" y Juan 15:16: "Para llevar frutos". Satanás moverá toda su influencia y hará todo lo posible para que el cristiano no logre en su vida diaria estos dos propósitos fundamentales: le horroriza ver a cristianos maduros, espiritualmente vencedores.

Principios del Progreso Espiritual.

a) La relación del crecimiento con la santificación.

No hay un sólo párrafo en las Escrituras que despliegue de modo más sustancial las profundidades y alturas de la vida cristiana que los once primeros versículos de 2ª Pedro 1. El versículo 5 es una invitación a crecer en la gracia, pero el versículo 4 nos da el punto de partida desde el cual ha de empezar este crecimiento. No se trata de otra cosa que de la experiencia de la santificación. Las personas a quienes se dirige todo esto ya se supone que han "huido de la corrupción que hay en el mundo a causa de la concupiscencia", y han pasado a ser "participantes de la naturaleza divina".

Estos dos hechos constituyen toda la santificación. Es esta experiencia por la cual somos unidos a Cristo en un sentido personal y divino que pasamos a participar de su naturaleza, y la misma persona de Cristo, por medio del Espíritu Santo, viene a residir en nuestros corazones y por medio de este revestimiento pasa a ser la sustancia y soporte de nuestra vida espiritual. El efecto de esto es librarnos "de la corrupción que hay en el mundo a causa de la concupiscencia".

El revestimiento de Dios excluye el poder del pecado y el deseo del mal, que es precisamente lo que significa la palabra concupiscencia. Los tiempos de verbo griegos no dejan lugar a duda sobre la cuestión del tiempo y orden de los sucesos. Esta liberación de la corrupción precede a la orden de crecer, y es el mismo terreno de esta orden. Es decir, Dios ha provisto para nuestra santificación y nos ha impartido su naturaleza y librado del poder del pecado, y es por esta razón que hemos de crecer.

Es evidente, pues, que no crecemos hacia la santificación, sino que crecemos de la santificación a la madurez. Esto se corresponde exactamente con la descripción del crecimiento de Cristo mismo, en

Lucas 2: "Y el niño crecía y se fortalecía, y se llenaba de sabiduría; y la gracia de Dios era sobre él" (v. 40). Nadie va a decir que creció para la santificación. Era santificado desde el principio. Era un niño santificado y creció y se hizo hombre. Y un poco más tarde, en Lucas 2:52 se añade que, a la edad de 12 años "Jesús crecía en sabiduría y en estatura, y en gracia para con Dios y los hombres".

Y así el mismo Cristo es formado en cada uno de nosotros. Se forma como un niño y crece, como Cristo hizo en la tierra, y madura en nuestra vida espiritual, y nosotros crecemos en una unión más íntima con él, y una dependencia íntima y más habitual de él para todas nuestras acciones y nuestra vida.

b) La relación del crecimiento con las provisiones y recursos de la gracia divina.

El mismo hermoso pasaje destaca esto también con gran plenitud y claridad. "Como todas las cosas que pertenecen a la vida y a la piedad nos han sido dadas por su divino poder, mediante el conocimiento de aquel que nos llamó por su gloria y excelencia, por medio de las cuales nos ha dado preciosas y grandísimas promesas". Aquí se nos enseña que Dios ha provisto todos los recursos necesarios para una vida cristiana madura y santa.

Estos recursos han sido provistos para nosotros por medio de las gracias y virtudes de nuestro Señor Jesucristo, y nosotros hemos sido llamados a recibirlos y compartirlos. Él nos reviste de su carácter y de sus vestiduras, y nosotros hemos de exhibirlas a los hombres y a los ángeles. Y estas provisiones de gracia son puestas a nuestro alcance, a través de "preciosas y grandísimas promesas" que podemos reclamar y cambiar en divisas celestiales con que negociar toda bendición necesaria.

Esta es la concepción de la vida cristiana que se nos da en el primer capítulo del Evangelio de Juan, en esta corta y maravillosa expresión "gracia sobre gracia". Esto es, cada gracia que necesitamos ejercitar ya existe en Cristo, y puede ser traspasada a nuestra vida desde él, cuando recibimos de su plenitud, gracia sobre gracia.

En el monte, Moisés recibió órdenes de estudiar un modelo del Tabernáculo, algo así como los modelos que hay en las oficinas de lectura de planos arquitectos, y que luego son construidos en la realidad. Unas semanas más tarde se podía ver el mismo Tabernáculo que iba siendo construido pieza a pieza en el desierto, y cuando quedó completado, era una copia exacta del que había visto Moisés en el monte, porque la orden explícita de Dios fue: "Mira, haz todas las cosas conforme al modelo que se te ha mostrado en el monte".

El tabernáculo que Dios está construyendo en nuestras vidas se corresponde con aquél. Es precisamente tan celestial en estructura como el otro y mucho más importante, está destinado a ser, y es, un santuario para Dios. Éste también tiene su modelo en el monte, y podemos verlo con los ojos de la fe, el modelo de lo que ha de ser nuestra vida, la pauta, el plan de todas las gracias de que hemos de ser ejemplo, y la vida que ha de ser edificada y establecida.

Todo el material de nuestro edificio espiritual está allí ya, provisto, y el diseño ha sido elaborado en el propósito de Dios y en las provisiones de su gracia. Pero hemos de tomar estos recursos y materiales y momento tras momento, paso a paso, y transferirlo a nuestras vidas.

No tenemos que hacer las gracias nosotros mismos, sino tomarlas, llevarlas, vivirlas, exhibirlas. "De su plenitud tomamos todos y gracia sobre gracia". Sus gracias por nuestras gracias, su amor por nuestro amor, su confianza por nuestra confianza, su poder por nuestra fuerza.

c) Relación del crecimiento espiritual con nuestros propios esfuerzos y responsabilidad.

Aunque es verdad, por una parte, que todos los recursos son provistos divinamente, esto no justifica, por nuestra parte, que tengamos un espíritu de negligencia, pasivo, sino que nos emplaza para que tengamos más diligencia y sinceridad en proseguir adelante en nuestra carrera espiritual. Y por esto el apóstol añade, después de enumerar los recursos de la gracia: "poniendo toda diligencia por esto mismo, añadid a vuestra fe virtud…", etc. No sirve un débil apoyarse en la gracia de Dios, un fatalismo de ensueño, basado en el propósito del Todopoderoso y en su poder, sino una energía incesante y vigorosa por nuestra parte para corresponder a él con la cooperación de nuestra fe, vigilancia y obediencia.

El mismo hecho de que haya provisión de gracia hecha por Dios es la base de la exhortación del apóstol pedro a que demos seria atención a este asunto.

Es la misma idea que Pablo expresa en Filipenses: "Ocupaos en vuestra salvación con temor y temblor, porque Dios es el que en vosotros produce así el querer como el hacer por su buena voluntad". Esto no significa que hemos de trabajar para nuestra salvación, porque aquí se nos tiene por ya salvados –pues de otra manera no sería "vuestra"–; la salvación siempre procede de él, y en este sentido es suya. Pero está todavía en embrión, en la infancia, es un principio interior de vida que tiene que ser desarrollado hasta su madurez en cada parte de nuestra vida, y para esto hemos de "poner toda diligencia", una diligencia verdadera que llega hasta el extremo del "temor y temblor".

En la parábola de las minas, a cada siervo se le da, al comienzo de su vida espiritual, una medida igual de recursos espirituales. La diferencia en los resultados se ha de hallar en la desigual medida en que ellos han usado el poder que se les ha dado. La diferencia está en la mayor o menor diligencia de los siervos.

Revisemos ¿Si, estamos poniendo toda diligencia para sacar el máximo de los recursos divinos, de las preciosas y grandísimas promesas, de la naturaleza divina dentro de nosotros?

d) La relación de los varios detalles y las respectivas gracias de nuestra vida cristiana.

El versículo empleado para describir nuestro progreso espiritual es muy especial y lleno de exquisitas sugerencias. Es como una figura musical. No hay nada que exprese más perfectamente la idea de armonía y de adecuación que la música.

Parafraseando nos diría: "Añadid a vuestra fe virtud, conocimiento, dominio propio", etc., exactamente como en una armonía musical perfecta se añade una nota a otra y un compás a otro hasta que se llega al majestuoso coro de aleluyas que hace resonar el cielo, sin que falte nada o haya nada discordante".

Dios desea que nuestro crecimiento cristiano sea como el crecimiento de un sublime oratorio, un crecimiento en el cual las partes armonicen y el efecto entero sea tan armonioso que nuestra vida sea como un cántico celestial o un coro de aleluyas.

La fe es la melodía, pero a esto hay que añadir las otras partes, la virtud, que constituye el tenor; la templanza, que sería el contralto; la paciencia, el bajo; y el conocimiento, la piedad y el amor, el canto mismo, del cual toda la música es el acompañamiento.

Es fácil crecer en una dirección y ser fuerte en una peculiaridad, pero sólo la gracia de Dios y el poder de la naturaleza divina dentro puede hacernos capaces de crecer hasta él en todas las cosas, "hasta la medida de la estatura de la plenitud de Cristo".

- Una cosa es tener fe y virtud, pero es distinto el tener esto unido al dominio propio y al amor.
- Una cosa es tener dominio propio, pero otra el que éste se halle combinado con conocimiento.
- Una cosa es tener afecto fraternal, pero es distinto de tener amor a todos los hombres.
- Una cosa es tener piedad, pero otra el tenerla en perfecta adecuación con el amor. Es la armonía de todas las partes lo que constituye la perfección del canto y la totalidad de la vida cristiana.

El Crecimiento Espiritual del cristiano en todas sus áreas

El apóstol Pablo enfoca en el texto de la carta que dirige a los creyentes de Éfeso.

La carta a Efesios tiene dos grandes divisiones. La primera, esencialmente volcada a la formación doctrinal, está delimitada de la siguiente manera 1:1-3:21 y la segunda, relacionada con la Vida Cristiana Práctica, tiene como componentes los siguientes capítulos y versículos 4:1-6:20

a) El cristiano está llamado a dar testimonio de vida donde quiera que este o viva.

La mejor forma de predicar de Jesucristo es con nuestros hechos. Alguien que experimenta el poder transformador del evangelio, lo testimonia con sus palabras y acciones. Sobre esta base, recomienda el apóstol Pablo que haya en los seguidores del Señor Jesús cuatro características de particular importancia: primera, humildad; segunda, amabilidad; tercera, paciencia o perseverancia y, cuarta, tolerancia.

b) El cristiano está llamado a tener solidez doctrinal.

En una sociedad como la nuestra en la que hay una gran diversidad de enseñanzas y filosofías que buscan responder a los múltiples interrogantes del género humano, cobra particular vigencia la necesidad de mantener la unidad como creyentes en Jesucristo. Dicha unidad, como lo enseña el apóstol Pablo proviene del Espíritu Santo.

¿De qué manera se refleja? Mediante la paz que une a todos.

En su carta a los creyentes de Éfeso les dejó planteada la importancia de que la unidad estuviera sentada en el convencimiento de la doctrina que siempre les animo: creer en un solo Señor, una fe, un bautismo y la esperanza del regreso del Señor Jesús y la resurrección.

c) El cristiano está llamado a recibir y a ejercer sus dones.

El hombre no recibe los dones por mérito propio. Es el Señor Jesucristo quien los otorga (Romanos 12:6-8; 1 Corintios 12:11) y reparte a cada quien como quiere.

Fue también el Señor Jesucristo quien definió para la edificación de Su Iglesia, los cinco ministerios: apóstoles, profetas, evangelistas, pastores y maestros.

d) El Cristiano está llamado a avanzar hacia la madurez.

La aspiración del apóstol Pablo era que los creyentes de la iglesia de Éfeso llegaran a la unidad de la fe y del conocimiento y de paso, prepararles para el servicio y edificar el cuerpo de Cristo. De esta manera—tal como sin duda lo espera Dios de nosotros hoy—el cristiano alcanza solidez, y no fluctúa en cuanto a sus convicciones de fe. Es firme y, por tanto, avanza hacia la madurez. Cinco Señales de Crecimiento Espiritual

Esta lista es una excelente referencia para medir su progreso en su vida cristiana.

a) Un hambre cada vez mayor de conocer a Dios

Si estamos creciendo espiritualmente, anhelaremos conocer más y más a Dios. No estaremos satisfechos con el conocimiento que tenemos ahora de Su Persona o de Su manera de actuar; antes bien, tendremos ansias de conocerle más profundamente.

b) Un deseo de conocer la verdad de la palabra.

Una parte importante de nuestra madurez, es entender el poder y la importancia de la Palabra de Dios para nosotros. Debemos anhelar descubrir lo que dice la Biblia en cuanto a nuestras familias, iglesias, trabajos, y todas las demás cosas de nuestra vida.

c) Una conciencia mayor de nuestra pecaminosidad.

A medida que tengamos más intimidad con el Señor, estaremos cada vez más conscientes de nuestra apremiante necesidad de Él. Esto no significa que los cristianos maduros deben verse a sí mismos como sin ningún valor.

Por el contrario, esta conciencia indica que nuestro espíritu que está madurando simplemente no tolerará los mismos pecados que una vez cometimos con tanta facilidad.

d) Una respuesta rápida y contrita al pecado

Si estamos creciendo espiritualmente, no podremos mantenernos fácilmente en el pecado. Si tropezamos, desearemos poner esa trasgresión a los pies del Señor y arrepentirnos verdaderamente de nuestras acciones lo más rápidamente posible.

1 juan 1:7 dice, pero si andamos en luz, como él está en luz, tenemos comunión unos con otros, y la sangre de Jesucristo su hijo nos limpia de todo pecado. No es que sea una licencia para pecar, no lo mal entiendas, pero si pecamos la sangre de Jesucristo nos limpia de todo pecado la clave aquí es reconocer que hemos fallado y venir al arrepentimiento y confesar que hemos ofendido al señor, entonces seremos limpios y libres de toda culpa. Por eso El murió en la cruz del calvario y pago por nuestros pecados. Isaías Capitulo 53:1-12

e) Una dependencia cada vez mayor del Espíritu Santo.

Los creyentes que están madurando dependerán cada vez más del Espíritu Santo, y aprenderán a confiar solamente en Dios para que Él les ayude a superar las circunstancias que parecen insoportables. El crecimiento espiritual muchas veces se produce en medio de los períodos de mayor dolor y agitación. Nunca llegamos a ser conscientes de lo que Dios puede lograr a través de nosotros, hasta que nos encontramos en situaciones en las que nos sentimos totalmente desvalidos.

El Crecimiento Espiritual para vivir en Santidad

El mensaje de santidad no es un mensaje retrógrado, sino un mandato vigente, lleno de vida y con bendiciones totalmente palpables tras su cumplimiento, a Dios no se le ocurre pedirnos santidad para arruinar nuestros planes y metas en la vida, ni tampoco la exigiría si supiera que no la podemos lograr, él sabe perfectamente que nuestros hábitos, muchos de los cuales hoy son netamente pecaminosos y muy peligrosos para nuestra vida espiritual, deben y pueden ser reemplazados por hábitos de pureza y santidad. Hebreos 12:14 seguid la paz con todos, y la santidad, sin la cual nadie vera al señor.

Ahora, ¿es tan necesaria la santidad? Pues claramente si, ningún hombre en esta tierra tiene, ha tenido, ni tendrá mayor bendición que poder vivir con Dios eternamente. Los bienes terrenales son ciertamente necesarios, pero nada de eso nos llevaremos cuando partamos de esta tierra y a ningún humano no le gustaría sentirse tranquilo respecto de su futuro monetario, pero Cristo mismo sabe de qué de estas cosas tenemos necesidad, y aun así, teniendo necesidad de estas, nos dijo que sigue siendo más importante el reino de Dios y su justicia, que todas aquellas cosas juntas, y que Dios, que nos quiere bendecir y hacer cosas gloriosas entre y con nosotros, nos suplirá de todo a su debido tiempo. Por lo tanto, aunque logremos todo lo que anhelamos en la tierra como fruto de nuestro trabajo, si no vivimos en santidad, no podremos ver a Dios (hebreos 12:14), porque sin su santidad es completamente imposible acercarse al Dios que es santo, tres veces santo. Isaías 6:3 y el uno al otro daba voces, diciendo: Santo, Santo, Santo, jehová de los ejércitos; toda la tierra está llena de su gloria.

Los cristianos que no viven en santidad, viven igual que el mundo, se deleitan con las asquerosidades del mundo, y se enlodan con las putrefacciones de él, y así como el mundo aún existe tan sólo por la misericordia de Dios, así también ellos sólo logran ver eso, las migajas que caen de la mesa del Dios vivo. La santidad es el regalo de Dios junto con la verdadera salvación. ¡Tenemos a Jesús viviendo en nosotros! Recuerda que somos templo y morada del Espíritu santo. Por lo tanto, todo lo que Él es, nosotros lo somos también y se verá a medida que vayamos creciendo. Si esta vida santa no se está viendo plenamente en tu vida es porque algo anda mal o no has entendido. Hazte un auto examen en tu vida y has una lista cuanto has crecido espiritualmente desde que aceptaste a cristo como señor y salvador de tu vida. A través de la lectura de la biblia, quiero que conozcas la verdad y la verdad te haga libre. (Juan 8:32). Sino como aquel que los llamó es santo, sed también vosotros santos en toda vuestra manera de vivir; porque escrito está: Sed Santos porque Yo soy Santo"

Una vida santa tiene que verse o el propósito eterno de Dios para nosotros fracasaría, y esto no puede ser porque el mismo Dios dice en Romanos8:29 dice: Porque a los que antes conoció, también los predestinó para que fuesen hechos conforme a la imagen de su Hijo" ¡Y la única forma de ser conforme a la imagen de Cristo es en santidad!

La preparación adecuada del corazón para crecer espiritualmente".

La voluntad de Dios es nuestro crecimiento espiritual. La preparación de nuestro corazón es vital para poder crecer. La Biblia nos dice: Sobre toda cosa guardada. guarda tu corazón; porque de El mana la vida' (Prov. 4:23).

Examinemos la parábola del sembrador y apliquémosla al crecimiento espiritual en nuestras vidas.

El Crecimiento Espiritual demanda un entendimiento claro de la palabra.

Mateo 13:19

A) La falta de entendimiento de la palabra hace infructuosa la vida cristiana. Recuerda que Oseas 4:6 dice mi pueblo fue destruido, porque le falto conocimiento.

B) ¿Por qué razón el etíope pasó tanto tiempo sin creer? Su falta de entendimiento de la palabra.

C) La meta de Satanás es arrebatar la palabra de nuestro corazón para que no haya crecimiento.

D) Todo hijo de Dios debe esforzarse por indagar y entender la palabra de Dios.

II. El Crecimiento Espiritual demanda firmeza en las épocas de crisis

A. Los momentos de aflicción y preocupación en la vida cristiana golpean el crecimiento espiritual

B. Un cristiano que se queda en la auto-conmiseración y el lamento no verá el crecimiento en su vida.

C. Los momentos difíciles en la vida tienen que empujarnos hacia Jesús.

D. El hijo de Dios no tiene que permitir que la aflicción o la persecución opaquen la grandeza de Dios en su vida.

El Crecimiento Espiritual demanda superar los obstáculos de la vida.

A) Los afanes de este siglo no nos dejan crecer.

B) La vida cristiana que no suelta el afán, las riquezas y los placeres no verá prosperidad en sus vidas. (Lucas 8:14)

C) La raíz de todos los males es el amor al dinero. Entienda No es el dinero sino el amor al mismo es el problema. (1a. Timoteo 6:10)
D) El hijo de Dios que vive inmerso en el materialismo no puede decir que va a crecer.

Quiero compartirles sobre lo que pasa con el Axolote[Ajolote] que es un enigma biológico. En vez de crecer y alcanzar una forma adulta, esta salamandra mexicana en peligro de extinción en el complejo lacustre de Xochimilco[sochimilco] cerca de la ciudad de México, mantiene el aspecto de un renacuajo durante toda su vida. Y nunca crece, Escritores y filósofos lo han usado como un símbolo de alguien que tiene miedo a crecer.

En el libro de hebreos capítulo 5:11-14 vemos como había cristianos que no querían crecer y se contentaban con la leche espiritual, aunque esto era para los nuevos en la fe. Quizá por temor a ser perseguidos, no crecían en la clase de fidelidad a cristo que les permitiría ser lo suficiente fuertes como para sufrir con El para beneficio de otros, corrían peligro de perder las actitudes cristianas que ya habían demostrado, y no estaban preparados para el alimento solido del sacrificio personal. Pero el alimento solido es para los que han alcanzado madurez, para los que por el uso tienen los sentidos ejercitados en el discernimiento del bien y del mal. [v.14]por eso el autor del libro de hebreos escribió, acerca de esto tenemos mucho que decir, y difícil de explicar, por cuanto os habéis hecho tardos para oír. [v.11] los ajolotes siguen el patrón natural que a su creador estableció para ellos. Sin embargo, los seguidores de cristo están diseñados para madurar espiritualmente. Cuando lo hacen, descubren que crecer en El, no solo implica tener paz y gozo, sino animar desinteresadamente a los demás. Honramos al señor cuando crecemos a su semejanza.

El Crecimiento Espiritual demanda:

A) Entender la palabra
B) Superar las pruebas
C) No dejarse enredar por este mundo.

Debemos agradecer por el Crecimiento Espiritual

"Debemos siempre dar gracias a Dios de vosotros, hermanos, como es digno, por cuanto vuestra fe va creciendo, y el amor de cada uno de todos vosotros abunda para con los demás; (2 Tesalonicenses. 1:3).

¡Que elogio tan grande les ofreció Pablo a los cristianos de tesalónica Tesalonicenses! Esta es la esencia de lo que él dijo: "Es increíble observar cuanto han crecido, tanto en su fe en Cristo y en su amor los unos por los otros. Dondequiera que voy me jacto de su crecimiento espiritual. ¡Doy gracias a Dios por ustedes!"

En este corto pasaje, Pablo nos ofrece una imagen asombrosa del cuerpo de creyentes que estaban creciendo en unidad y amor. La frase griega que Pablo usa en "creciendo en abundancia" significa "crecimiento por encima y más allá de los demás." La fe y el amor de los Tesalonicenses sobrepasaba el de otras iglesias, tanto individual como corporalmente Obviamente, estos cristianos Tesalonicenses no estaban tratando de mantener su fe tan sólo hasta que Jesús regresara. Estaban aprendiendo, moviéndose, creciendo y sus vidas daban evidencia de ese hecho.

Aparentemente, la predicación que estas personas escucharon les provocaba a un caminar más profundo con Cristo. Derrotaban sus ambiciones carnales y los convencían de dejar hábitos mundanos. Y el Espíritu Santo en ellos rompía toda barrera étnica y de color. Estaban descubriendo como abrazar a cualquier persona, fuera esta rica o pobre, educada o no. Y ofrecían gran cariño y cuidado a cada uno en amor.

Además, los creyentes Tesalonicenses no caían en error fácilmente. No permitan maestros falsos en sus medios que los engañaran con novedades religiosas. Ellos honraban y reverenciaban la palabra de Dios.

En ese tiempo, estos cristianos estuvieron bajo intensa persecución. Pero eso no fue obstáculo para que otros cristianos visitaran su extraordinaria iglesia. Una muchedumbre de personas llegaba en forma inesperada. Más, sin embargo, estos visitantes no iban para ser deslumbrados por sus, o para ser maravillados por una predicación poderosa. No, ellos iban para ser testigos del gran milagro de una iglesia que se movía al unísono en el amor de Cristo. Ellos querían ver por sí mismos como una reunión de creyentes fuertes y firmes crecían en la gracia y el conocimiento de Dios.

Reino de los Cielos

a) El Reino de Dios. - Definiciones.

El reino de Dios en contraposición al reino de este mundo, es la condición óptima en la cual el ser humano puede habitar disfrutando de toda clase de bendición espiritual y bajo la protección efectiva de Dios. Si nosotros encontramos el reino de Dios, en donde Él es el Rey por supuesto, entonces tenemos todas las cosas que deseamos. Mateo 6:33 "Mas buscad primeramente el reino de Dios y su justicia, y todas estas cosas os serán añadidas."

El reino de los cielos es una condición espiritual en el hombre, pero el reino de Dios es nuestra relación con Dios en base a la fe. Entiéndase "reino" como el dominio, ejemplo: el reino de este mundo, el reino de los cielos, el reino de Dios. Primero es el reino de este mundo, luego el reino de los cielos y después es el reino de Dios. No podemos entrar al reino de Dios sin estar en el reino de los cielos. El reino de este mundo es equivalente al atrio en el tabernáculo o templo, el reino celestial es el lugar santo y el reino de Dios es el lugar santísimo. El reino de Dios está expuesto en el Libro de Génesis como "El Jardín del Edén".

Dios puso un manto de separación entre el lugar santo y el lugar santísimo, conocido en Génesis como una espada de fuego envolvente, algo similar a lo que hoy podríamos denominar "una cortina de fuego" impenetrable. Esa cortina no permitió a Adán y Eva que regresaran al reino de Dios debido a su pecado, a causa del pecado el hombre perdió la vida eterna y por eso fue expulsado del reino de Dios. El alimento que Adán debió haber consumido era proveniente del Árbol de Vida, pero desafortunadamente consumió fruto de muerte del árbol prohibido, por eso el hombre tiene asignado un límite de años en su vida y perdió lo más valioso que Dios le había otorgado, la posibilidad de tener la vida eterna. Dios mantiene vigente una ley que dice "La paga del pecado es la muerte" Romanos 6:23 Porque la paga del pecado es muerte, más la dádiva de Dios es vida eterna en Cristo Jesús Señor nuestro.

Aquel árbol de vida en el Edén, o sea en el reino de Dios, es Jesucristo mismo. Dios siendo amor, amó al mundo a pesar del pecado y para hacerlo acepto en el amado, entregó su hijo para que muriera y el mundo fuese salvo por El. (Juan 3:23) Hoy en día, por medio de la muerte de Jesucristo, esa división o pared divisoria ya no existe, el manto fue roto en el mismo instante que Jesús murió en la cruz y ahora todos somos invitados a entrar al cielo de Dios. Pasar del atrio al lugar santísimo sólo es por medio de la puerta que es Jesús. La muralla de separación entre el mundo y el cielo siempre existe, pero ahora hay una puerta de entrada abierta la cual es Jesucristo quien nos invita a entrar y disfrutar de las maravillosas riquezas del Señor.

Al entrar al cielo debemos ir vestidos de Cristo haber nacido de nuevo y haber dejado atrás las vestiduras carnales del hombre viejo. Juan 10:9 Yo soy la puerta; el que por mí entrare, será salvo.

Arrepentimiento previo, Evangelio y Bautismo Marcos 1:15: El tiempo se ha cumplido, y el reino de Dios se ha acercado; arrepentíos, y creed en el evangelio. Este arrepentimiento es a consecuencia de haberse saciado del pecado, de estar cansado y cargado de las cosas de este mundo, de estar herido a causa de las inclemencias que representan mantenerse en el mundo de pecado, de haber reconocido el erróneo camino que seguíamos y considerar que allá al otro lado, a la inversa, está el reino de Dios esperándonos y en donde habrá fiesta por nuestro arrepentimiento. Esto es haber creído en el Evangelio, o sea las buenas nuevas de salvación. Marcos 16:16 El que creyere y fuere bautizado, será salvo; más el que no creyere, será condenado.

Reino de Dios - Reino de los Cielos

El Apóstol Pedro recibió las instrucciones y el permiso de "abrir" el reino de los cielos, (Ver Mateo 16:19) "Y a ti te daré las llaves del reino de los cielos; y todo lo que atares en la tierra será atado en los cielos; y todo lo que desatares en la tierra será desatado en los cielos" dándole a entender que lo que haga en su vida terrenal será hecho en su vida espiritual o celestial y viceversa, no hay separación, es una misma vida, una misma relación, está unido lo carnal con lo espiritual. Está en Cristo. Ha abandonado Egipto, ha pasado por el desierto y está en la ribera del río esperando ser trasladado a la tierra prometida. No hay manera de pasar del atrio al lugar santísimo sino es por él Lugar santo, primero debemos santificarnos en Cristo, la línea divisoria del atrio al lugar santo es la cruz (altar) del sacrificio. La mejor manera de comprobar si estamos en el reino de Dios es echando fuera demonios.

En el reino de Dios no hay cabida a los demonios, no hay lugar al pecado ni a Satanás. Mateo 12:28 "Pero si yo por el Espíritu de Dios echo fuera los demonios, ciertamente ha llegado a vosotros el reino de Dios." Los demonios deben quedar en Egipto, en el atrio, en la carne, y nosotros debemos entrar por la puerta que es Jesucristo, ser muertos en el pecado por el bautismo y entrar al lugar santo que es el alma para ser llevados por nuestro Sumo Sacerdote que es Jesucristo al cielo, al lugar santísimo, a la tierra prometida.

Jesucristo es el árbol de la vida en el Jardín del Edén, Él es la vida eterna. Él nos invita a entrar al reino de Dios comiendo de él, esa vida eterna, el hombre en su estado natural no puede entrar a causa del pecado, pero Cristo por la muerte en la cruz nos hace candidatos a entrar si le comemos a él y bebemos su sangre. Juan 6:54 El que come mi carne y bebe mi sangre, tiene vida eterna; y yo le resucitare en el día postrero.

La entrada nuestra al reino de Dios es en base espiritual únicamente y por eso no podemos entrar si existen obstáculos, recuérdese el camino recorrido, hemos pasado de muerte a vida, de las tinieblas a la luz, de lo carnal a lo espiritual. Todos los aspectos carnales permanecen en la carne, y ellos serán un obstáculo para entrar al reino de Dios. He aquí la descripción de algunos obstáculos:

Mateo 19:24 Otra vez os digo, que es más fácil pasar un camello por el ojo de una aguja, que entrar un rico en el reino de Dios." No es que los ricos no puedan ingresar, es su liga a las riquezas que les impide entrar. Jesús calificaba de difícil, no imposible, pero si difícil para los ricos entrar al reino. "No os hagáis tesoros en la tierra donde la polilla y el orín corrompen y en donde ladrones minan y hurtan. Sino haceos tesoros en el cielo, Mateo 6:19

Y es que las riquezas vuelven duro el corazón de los hombres. Por eso Jesús decía que el reino de Dios era para los pobres, no dijo para los que no tienen sino para los que no están confiando en las riquezas. Lucas 6:20 Y alzando los ojos hacia sus discípulos, decía: Bienaventurados vosotros los pobres, porque vuestro es el reino de Dios. Así como es tan difícil que los ricos abandonen las riquezas, así es de difícil que entren al reino de Dios.

Creer en la Palabra es más importante que sentirse libre de pecados. Jesús explica que los publícanos y las rameras si creyeron en la prédica de Juan y no así los fariseos y los escribas y les dice lo siguiente: "De cierto os digo, que los publícanos y las rameras van delante de vosotros al reino de Dios." Mateo 21:31

Se pierde el privilegio de estar en el Reino de Dios si no damos frutos.

Las riquezas del reino están reservadas para los que moran en el reino y no para los extraños. "Por tanto os digo, que el reino de Dios será quitado de vosotros, y será dado a gente que produzca los frutos de él." Mateo 21:43

Nuestra misión en el reino es dar frutos. Juan capítulo 15 nos explica este asunto de dar frutos, Jesús es la Vid verdadera y nosotros somos las ramas que debemos dar frutos, las ramas que no den fruto serán cortadas y echadas al fuego. Pero ¿Cuál es ese fruto que debemos dar? Adán recibió un mandato: "Fructificad y multiplicaos" y "Llenad la tierra". La Tierra prometida que es el cielo, debe ser llena de seres espirituales, nosotros debemos engendrar hijos no sólo en el plano carnal sino en el espiritual para que no seamos cortados y echados al fuego. No necesariamente debemos tener hijos carnales, es más importante tenerlos en el espíritu. El Señor Jesús no tuvo hijos carnales y tampoco el Apóstol Pablo sin embargo ellos engendraron hijos en el Espíritu.

Los misterios del reino sólo deben conocerlos los que creen, los que están adentro, santificados en Cristo Jesús "Y les dijo: A vosotros os es dado saber el misterio del reino de

Dios; más a los que están fuera, por parábolas todas las cosas; para que, viendo, vean y no perciban. Y oyendo oigan y no entiendan, para que no se conviertan y les sean perdonados los pecados". Marcos 4:11

El Evangelio es poder de Dios

Decía, además: Así es el reino de Dios, como cuando un hombre echa semilla en la tierra; Al igual que una semilla en la tierra comienza a germinar y a formar un tallo que luego crece y llega a dar fruto, así es la palabra en el corazón de un creyente con fe que sin darse cuenta esa palabra crece, se fortalece y da fruto Marcos 4:26.

El reino de Dios es el lugar santísimo, no hay cabida para la contaminación ni la inmundicia, ningún miembro que no sea del cuerpo de Cristo y ningún miembro de nuestro cuerpo humano que sea pecaminoso puede entrar en él.

Marcos 9:43 Si tu mano te fuere ocasión de caer, córtala; mejor te es entrar en la vida manco, que teniendo dos manos ir al infierno, al fuego Que no puede ser apagado, 44 donde el gusano de ellos no muere, y el fuego nunca se apaga. 45 Y si tu pie te fuere ocasión de caer, córtalo; mejor te es entrar a la vida cojo, que teniendo dos pies ser echado en el infierno, al fuego que no puede ser apagado, 46 donde el gusano de ellos no muere, y el fuego nunca se apaga. 47 Y si tu ojo te fuere ocasión de caer, sácalo; mejor te es entrar en el reino de Dios con un ojo, que teniendo dos ojos y ser echado al infierno.

CAPITULO 9

LA ACTITUD PARA ENTRAR EN EL REINO DE DIOS

D EJAD A LOS niños venir a mí, y no se lo impidáis; porque de los tales es el reino de Dios. Marcos 10:14 Tomemos el termino niño no como un menor de edad sino a las personas actuando como si fueran niños, con un corazón inocente, libres de perjuicios y de temores, libres de soberbia y de odio, confiando y dependiendo siempre de un padre

De cierto os digo, que el que no reciba el reino de Dios como un niño, no entrará en él. Marcos 10:15 Cumpliendo los mandamientos de Dios que se resumen en dos: Amarás a Dios sobre todas las cosas y amaras a tu prójimo como a ti mismo, se está cerca del reino de Dios.

Marcos 12: 28 Acercándose uno de los escribas, que los había oído disputar, y sabía que les había respondido bien, le preguntó: ¿Cuál es el primer mandamiento de todos? 29 Jesús le respondió: El primer mandamiento de todos es: Oye, Israel; el Señor nuestro Dios, el Señor uno es. 30 Y amarás al Señor tu Dios con todo tu corazón, y con toda tu alma, y con toda tu mente y con todas tus fuerzas. Este es el principal mandamiento. 31 Y el segundo es semejante: Amarás a tu prójimo como a ti mismo.

No hay otro mandamiento mayor que éstos. 32 Entonces el escriba le dijo: Bien, Maestro, verdad has dicho, que uno es Dios, y no hay otro fuera de él; 33 y el amarle con todo el corazón, con todo el entendimiento, con toda el alma, y con todas las fuerzas, y amar al prójimo como a uno mismo, es más que todos los holocaustos y sacrificios. 34 Jesús entonces, viendo que había respondido sabiamente, le dijo: No estás lejos del reino de Dios.

Dos cosas encomendó Jesús a los discípulos

Lucas 9:2 Y los envió a predicar el reino de Dios, y a sanar a los enfermos. Lucas 9:11 Y cuando la gente lo supo, le siguió; y él les recibió, y les hablaba del reino de Dios, y sanaba a los que necesitaban ser curados. Lucas 10:9 y sanad a los enfermos que en ella haya, y decidles: Se ha acercado a vosotros el reino de Dios.

a) No nos ocupemos de cosas materiales que no tienen importancia y que han pasado

Lucas 9:60 Jesús le dijo: Deja que los muertos entierren a sus muertos; y tú ve, y anuncia el reino de Dios. Lucas 9:62 Y Jesús le dijo: Ninguno que poniendo su mano en el arado mira hacia atrás, es apto para el reino de Dios.

b) A qué es semejante el reino de Dios y con que lo podemos comparar?

Lucas 13: 6 Dijo también esta parábola: Tenía un hombre una higuera plantada en su viña, y vino a buscar fruto en ella, y no lo halló. 7 Y dijo al viñador: He aquí, hace tres años que vengo a buscar fruto en esta higuera, y no lo hallo; córtala; ¿para qué inutiliza también la tierra? 8 Él entonces, respondiendo, le dijo: Señor, déjala todavía este año, hasta que yo cave alrededor de ella, y la abone. 9 Y si diere fruto, bien; y si no, la cortarás después.

Explicando esta parábola, podemos entender que en el reino de Dios estamos para producir frutos tal como lo vimos en Juan 15 con la Vid verdadera. El que no da frutos es cortado y echado al fuego. Este es el Evangelio de Dios, la palabra es la semilla que debemos sembrar y los frutos son los hijos que vamos a engendrar. No perdamos la oportunidad de entrar, después será ya tarde. ¿El llamado es para ti ahora, si no es aquí? ¿Entonces adonde? ¿Si no es hoy? ¿Entonces cuando? ¿Y si no eres tú? ¿Entonces quién?

Nuestra misión es para cumplirla aquí y ahora, no hay tiempo para perder, comencemos a actuar, primero salgamos del pecado, santifiquémonos en Cristo, entremos al reino de Dios, el reino de Dios está aquí ahora y en este lugar. Lucas 13:28" Allí será el llanto y el crujir de dientes, cuando veáis a Abraham, a Isaac, a Jacob y a todos los profetas en el reino de Dios, y vosotros estéis excluidos".

Nuestra comida en el Reino de Dios.

Dios había puesto frente a Adán el árbol de la vida para que comiese de él y viviera eternamente, nosotros ahora que estamos en el reino de Dios comemos el pan del cielo, el pan verdadero, a Cristo Jesús Lucas 14:15 Oyendo esto uno de los que estaban sentados con él a la mesa, le dijo:

"Bienaventurado el que coma pan en el reino de Dios. Todo lo que hemos visto y oído en el pasado terminó con la prédica y el bautismo de Juan, todo lo demás es cosa nueva. Lucas 16:16 La ley y los profetas eran hasta Juan; desde entonces el reino de Dios es anunciado, y todos se esfuerzan por entrar en él"

¿Cuándo vendrá el Reino de Dios?

Muchos predicadores y escritores de temas bíblicos han insistido en que el Reino de Dios vendrá cuando Jesús venga por segunda vez y en esa forma le han quitado el gozo de la gente y no los han dejado entrar y disfrutar del reino de Dios que está en medio de nosotros, Jesús al ser interrogado con ese tema les dijo lo siguiente:

Lucas 17:20 Preguntado por los fariseos, cuándo había de venir el reino de Dios, les respondió y dijo: El reino de Dios no vendrá con advertencia, ni dirán: Helo aquí, o helo allí; porque he aquí el reino de Dios está entre vosotros. ¿Cómo nos damos cuenta que está cerca?

Cuando la palabra de Dios sembrada en tu corazón y comienza a dar frutos, es que el reino de Dios está cerca. Lucas 21:29-33 También les dijo una parábola: Mirad la higuera y todos los árboles. Cuando ya brotan, viéndolo, sabéis por vosotros mismos que el verano está ya cerca.

Así también vosotros, cuando veáis que suceden estas cosas, sabed que está cerca el reino de Dios. De cierto os digo, que no pasará esta generación hasta que todo esto acontezca. El cielo y la tierra pasarán, pero mis palabras no pasarán.

Es necesario nacer de nuevo

No es en nuestra vida carnal que veremos el reino de Dios sino en nuestra vida espiritual, se hace necesario que volvamos a nacer, pero esta vez como Hijos de Dios. Juan 3:3 Respondió Jesús y le dijo: De cierto, de cierto te digo, que el que no naciere de nuevo, no puede ver el reino de Dios. Este nuevo nacimiento es por medio de hacer morir nuestra vida en la carne por medio del agua y del Espíritu.

Juan 3:5 Respondió Jesús: De cierto, de cierto te digo, que el que no naciere de agua y del Espíritu, no puede entrar en el reino de Dios.

Predicando el Reino de Dios

Al igual que Felipe nosotros estamos llamados a predicar el Evangelio del Reino de Dios y entonces veremos a la gente bautizándose Hechos 8:12 Pero cuando creyeron a Felipe, que anunciaba el evangelio del reino de Dios y el nombre de Jesucristo, se bautizaban hombres y mujeres. Debemos estar preparados con ánimo sabiendo que vamos a pasar por muchas tribulaciones y persuadiéndoles acerca del reino.

Hechos 14:22 confirmando los ánimos de los discípulos, exhortándoles a que permaneciesen en la fe, y diciéndoles: Es necesario que a través de muchas tribulaciones entremos en el reino de Dios.

Hechos 28:23 Y habiéndole señalado un día, vinieron a él muchos a la posada, a los cuales les declaraba y les testificaba el reino de Dios desde la mañana hasta la tarde, persuadiéndoles acerca de Jesús, tanto por la ley de Moisés como por los profetas.

Hechos 28:31 predicando el reino de Dios y enseñando acerca del Señor Jesucristo, abiertamente y sin impedimento.

El Reino es gozo, paz y sobre todo Poder

Romanos 14:17 porque el reino de Dios no es comida ni bebida, sino justicia, paz y gozo en el Espíritu Santo. 1 Corintios 4:20 Porque el reino de Dios no consiste en palabras, sino en poder.

1 Corintios 6:8 Pero vosotros cometéis el agravio, y defraudáis, y esto a los hermanos. 9 ¿No sabéis que los injustos no heredarán el reino de Dios? No erréis; ni los fornicarios, ni los idólatras, ni los adúlteros, ni los afeminados, ni los que se echan con varones, 10 ni los ladrones, ni los avaros, ni los borrachos, ni los maldicientes, ni los estafadores, heredarán el reino de Dios. Siempre hay una oportunidad en Cristo, veamos este otro aviso: 11 Y esto erais algunos; más ya habéis sido lavados, ya habéis sido santificados, ya habéis sido justificados en el nombre del Señor Jesús, y por el Espíritu de nuestro Dios.

Nuestra naturaleza pecaminosa, nuestra carne, no pueden heredar el reino de Dios por eso dijimos que desde el atrio tenemos un camino que es el sacrificio de nuestra carne pecadora que nos conduce a la santificación en Cristo Jesús.

1 Corintios 15:50 Pero esto digo, hermanos: que la carne y la sangre no pueden heredar el reino de Dios, ni la corrupción hereda la incorrupción.

El libro de Gálatas capitulo 5 nos amplia mas claro.

Manifiestas son las obras de la carne: 19 Y manifiestas son las obras de la carne, que son: adulterio, fornicación, inmundicia, lascivia, 20 idolatría, hechicerías, enemistades, pleitos, celos, iras, contiendas, disensiones, herejías, 21 envidias, homicidios, borracheras, orgías, y cosas semejantes a estas; acerca de las cuales os amonesto, como ya os lo he dicho antes, que los que practican tales cosas no heredarán el reino de Dios. El carácter del cristiano es producido por el espíritu y no por obras de la carne del creyente.

Gálatas 5: 22 Más el fruto del Espíritu es amor, gozo, paz, paciencia, benignidad, bondad, fe, 23 mansedumbre, templanza; contra tales cosas no hay ley. 24 Pero los que son de Cristo han crucificado la carne con sus pasiones y deseos. 25 Si vivimos por el Espíritu, andemos también por el Espíritu. 26 No nos hagamos vanagloriosos, irritándonos unos a otros, envidiándonos unos a otros

El Reino de Dios, cómo conocerlo y vivir en él

¿Quien sabe cómo es el Reino de Dios? ¿Cómo tendremos la certidumbre de conocerlo? El Reino de Dios o el Reino de los Cielos son palabras que escuchamos Habitualmente.

¿Estamos en el Reino de Dios? El Señor es el soberano y nosotros concurrimos como sirvientes bajo su señorío.

Esto entonces simboliza que todos formamos parte de un reinado, es un feudo activo, y con esto quiero decir que somos la mayoría de las veces sin saberlo participantes de un imperio espiritual, lo más interesante de esta revelación es que servir a este reino es intencional, le servimos porque nos ha hecho participes de su reino. Como está escrito en apocalipsis 5:10 y nos has hecho para nuestro Dios reyes y sacerdotes, y reinaremos sobre la tierra.

El señor Jesucristo en Juan 3 del 1 al 7 habla del reino de Dios, y nos predica también de un renacimiento necesario para entrar al reino: Nicodemo entra cautelosamente en escena a medianoche. El temor a lo que los miembros del concilio pensaran de él, parece ser el motivo por el que él vaya a ver a Jesús de noche, estaba intrigado y quería conocerlo mejor. Le mostro mucho respeto al saludarlo reconociendo su autoridad. Había un hombre de los fariseos que se llamaba Nicodemo un principal entre los judíos. Este vino a Jesús de noche, y le dijo: Rabí, sabemos que has venido de Dios como maestro; porque nadie puede hacer estas señales que tú haces, si no está Dios con él.

Respondió Jesús y le dijo: De cierto, de cierto te digo que el que no naciere de nuevo no puede ver el reino de Dios. Nicodemo le dijo: ¿Cómo puede un hombre nacer siendo viejo? ¿Puede acaso entrar por segunda vez en el vientre de su madre, y nacer? La respuesta fue abrupta y directa, una demostración de la autoridad, Jesús hace una declaración que tenía la intención evidente de revelar a Nicodemo su inhabilidad espiritual y ceguera. Nicodemo era un maestro de Israel, miembro del sanedrín a pesar de tener religión y conocimiento estaba como un hombre natural no entendía las cosas espirituales por eso vino a Jesús a indagar y escuchar del maestro el camino a seguir, para entrar en el reino de los cielos.

Respondió Jesús: De cierto, de cierto te digo, que el que no naciere de agua y del Espíritu, no puede entrar en el reino de Dios. Lo que es nacido de la carne, carne es; y lo que es nacido del Espíritu, espíritu es. No te maravilles de que te dije: Os es necesario nacer de nuevo. Jesús fue claro al decir que era necesario un renacimiento, ser convertidos de la carne al espíritu. Ninguno puede entrar al reino de Dios sin haber nacido de nuevo.

El fariseo al no comprender lo grande de la enseñanza pregunta si era posible a un hombre adulto regresar al vientre materno, en Marcos 10, 15 Jesús expone: "De cierto os digo que el que no reciba el reino de Dios como un niño no entrará en él." Esa es la clave que da el señor, debemos renacer y aprender como niños pequeños las enseñanzas que de adultos podemos asimilar.

como podemos vivir dentro del Reino de Dios

¿Cómo comportarse dentro del reino de Dios? Si estamos de acuerdo en que el reino de Dios está dentro de nosotros, la forma de comportarnos debe de formarse en el amor, si no nos formamos en el amor nunca podremos vivir plenamente en el reino, en Juan 4 del 7 al 8 se nos exhorta a amar: "amémonos los unos con los otros; porque el amor es de Dios. Todo aquel que ama, es nacido de Dios, y conoce a Dios. El que no ama, no ha conocido a Dios; porque Dios es amor." ¿Notaron el señalamiento? "Todo el que ama es nacido de Dios"

Vivir plenamente en el reino de los cielos (aquí en la tierra) implica ser diligente en las obras que Dios ha demandado hacer. Trabajar arduamente en cualquier plan que Dios tenga para ti.

Esto independientemente de conocer o no el plan que Dios tenga para ti, Él te enviará a donde considere seas provechoso, si tenemos plena conciencia de que el reino de Dios está en nosotros, que por lo mismo Dios vive en nosotros, nos gobierna y nos cuida, tendremos una vida llena del Espíritu Santo y no dejaremos que los problemas terrenales nos dominen, frustren y derroten, con este conocimiento se nos obliga a mostrar amor a todos nuestros semejantes de forma que ellos puedan sentir a través de nosotros el amor del Padre recordando que somos la sal de la tierra, somos la luz del mundo, que estamos hoy, en este momento dentro del reino de Dios.

Ingresar en el reino de Dios requiere entonces algunas condiciones sencillas pero especiales, la primera es tener fe en Dios, aceptar que Jesús es el hijo primogénito de Dios, como tu único salvador de tu vida descubre tus faltas y pedir perdón por todos los pecados. El arrepentimiento es el primer paso para renacer, el segundo es la humildad, al confesar ante Dios tus faltas estas quedando bajo la potestad y gracia de Dios y en consecuencia personalmente estarás en su Reino.

Entonces ingresar al reino de Dios es un acto de sumisión a la voluntad de Dios, con esto el nacido en espíritu tendrá la paz que sólo los moradores del reino pueden tener. Y es que la trampa de dar por sentado nuestro lugar en el reino nos puede hacer perder tan importante oportunidad, Jesús lo dijo en mateo 7:21-23 "No todo el que dice: Señor, Señor entrará en el reino de los cielos, sino el que hace la voluntad de mi Padre que está en los cielos."

Suele mezclarse el concepto de reino en un entorno terrenal con un ámbito espiritual, pero en lo importante (lo espiritual), aquí entre lo material Dios gobierna en un reino espiritual, y como los seres con espíritu perfecto somos nosotros su reino está en nosotros. El día que perezcamos dejaremos este reino y asistiremos al reino celestial, viviremos en él, el propio Jesús lo dijo en Mateo 16 19: "Y a ti te daré las llaves del reino de los cielos y todo lo que atares en la tierra será atado en los cielos y todo lo que desatares en la tierra también será desatado en los cielos."

Requisitos para vivir una vida en el Reino de los cielos

Filipenses 3:20 más nuestra ciudadanía está en los cielos, de donde también esperamos al salvador, al señor Jesucristo.

La biblia claramente dice que nuestra ciudadanía está en los cielos, pero aquí en la tierra es donde estamos siendo preparados para vivir una vida de reino para vivirla eternamente en el cielo y los afanes no nos deben sujetar para no recibir el reino del cielo. es Por eso nuestro servicio a Dios, la alabanza y adoración es una forma de vida aquí en la tierra ya que en los cielos estaremos adorando al Rey de reyes y Señor de señores.

Nosotros como hijos de Dios somos embajadores del reino celestial, portadores de una santidad y compromiso. Ya no podemos, ni debemos vivir como los del mundo, porque nuestra casa, nuestra ciudadanía está en los cielos, la cual nos fue dada al recibir a Cristo y nacer de nuevo.

En este mundo la estancia es pasajera, y debe ser un ensayo de los que vamos a vivir allá en el cielo, debemos practicar lo que vamos a hacer en la vida de reino en el cielo, cosas celestiales, orar, alabar y adorar a Dios, estar en su presencia.

Una persona que va a tramitar la ciudadanía americana debe cumplir ciertos requisitos, como saber de la historia del país y sus fundadores, saber el idioma inglés, el himno, tener un trabajo, se preparan y a realizar el examen para pasarlo; ¿y qué se necesita para tener la ciudadanía del reino de Dios? La ciudadanía del reino no se obtiene por antigüedad o por herencia, se debe recibir a cristo como único y suficiente salvador y cada persona debe obtenerla si se arrepiente, a diferencia de los reinos terrenales o naciones, donde sí se hereda la ciudadanía por la de los padres.

La persona que entrega su vida a Cristo, tiene acceso al reino de Dios, y al nacer de nuevo se reserva su espacio. Esto no es sólo habitantes de una nación exclusiva, es para todo aquel que acepte, para el que, si quiera que Jesucristo tenga gobierno en su vida, Él es el Rey por siempre aleluya.

Llegará un día cuando todos tendremos que presentar la visa de entrada al reino de los cielos. La Biblia afirma eso categóricamente. El cielo no es el fruto de la imaginación de gente que trata de sublimar el dolor y los sufrimientos de este mundo. El cielo tampoco es la justificación de personas débiles, incapaces de afrontar con responsabilidad, brío y

TONY CHEVEZ

coraje las amarguras de esta vida. El cielo existe. Es una de las verdades más cristalinas de la Biblia. Así como existe el infierno también existe un cielo.

Cuando la historia de este mundo llegue a su fin, todos, lo queramos o no, lo creamos o no, tendremos que presentar la visa de entrada y en ese día no tendrá mucho valor lo que "creemos", o "pensamos". No valdrá de nada ninguna explicación o justificación. No es deber del país adaptarse a lo que no crees, y sí es tu deber cumplir con los requisitos que el país exige.

"El que confía en su propio corazón es necio; más el que camina en sabiduría será librado". Por eso hoy, antes de iniciar la lucha por la vida, verifica si tu visa está lista. Acepta a Jesucristo en tu corazón y tendrás la ciudadanía celestial inmediatamente, entrégate a él y espera su promesa

No es lo que tú piensas o crees, es lo que Dios dice. No es lo que tú imaginas, es lo que afirma la Palabra de Dios, porque: "El que confía en su propio corazón es necio; más el que camina en sabiduría será librado

¿Pero, hay requisitos para ser ciudadano del reino? ¿Cómo en el caso para hacerse ciudadano de los estados unidos de américa? SI hay, vamos a ver cuáles son.

a) Requisito 1. Ser Humilde y servir.

Mateo

18:1 En aquel tiempo los discípulos vinieron a Jesús, diciendo: ¿Quién es el mayor en el reino de los cielos?

18:2 Y llamando Jesús a un niño, lo puso en medio de ellos.

18:3 y dijo: De cierto os digo, que, si no os volvéis y os hacéis como niños, no entraréis en el reino de los cielos.

18:4 Así que, cualquiera que se humille como este niño, ése es el mayor en el reino de los cielos.

En cualquier lugar del mundo hay personas con influencia y poder, en tiempos de Jesús también se acostumbraba a ver a las personas por su poder y su influencia, y los discípulos deseaban saber cómo era en el reino de los cielos, pero Jesús les enseña que los valores del reino son al revés de los valores del mundo. En el reino de los cielos será más grande el más humilde, pero ¿Por qué el Maestro hace la comparación con un niño? Un niño es inocente, confiado, espontáneo, y Jesús no se refirió a estas características, sino a la humildad con que se nace, para un niño no hay raza, color, idioma, estatus social, nivel de educación, a un niño le es indiferente todo eso, ahí radica su humildad.

El hijo de Dios que quiere ser ciudadano del reino debe servir sin ver a quién, rico o pobre, con estudios o sin estudios, no estamos para juzgar o despreciar a las personas por sus pecados, todo aquel que viene arrepentido al Señor, debe ser aceptado y discipulado, el hijo de Dios debe relacionarse con todas las personas de la misma manera, sin distinción, una persona humilde es transparente. Cristo murió por todos, no dio por unos más que por otros, por cada uno que le reciba es la misma sangre derramada. El humilde no busca posición, respeto o distinción. Sólo siendo humildes podremos ver nuestras debilidades.

b) Requisito 2. Vivir una vida Santa.

Gálatas 5:19 Y manifiestas son las obras de la carne, que son: adulterio, fornicación, inmundicia, lascivia,

5:20 idolatrías, hechicerías, enemistades, pleitos, celos, iras, contiendas, disensiones, herejías,

5:21 envidias, homicidios, borracheras, orgías, y cosas semejantes a estas; acerca de las cuales os amonesto, como ya os lo he dicho antes, que los que practican tales cosas no heredarán el reino de Dios.

Estos pecados se practicaban aun por aquellos que ya se habían convertido, Dios nos demanda no sólo a no practicarlas, sino a aborrecerlas también. Cuando fallamos en adoración a Dios, existe el peligro de buscar la bendición en las cosas que no le agradan a Dios. La idolatría, por ejemplo, no se refiere solamente a la adoración a imágenes, también se idolatra a los hijos, los cónyuges, el dinero, el trabajo, apártese de toda idolatría porque sin santidad nadie verá a Dios. Muchos hermanos que se alejan de la congregación se exponen ante las cosas del mundo. Nosotros ya fuimos apartados para vivir una vida de santidad, la vida del reino es una vida de santidad, por eso es que debemos aborrecer las obras de la carne, no se pueden vivir dos vidas al mismo tiempo. Nosotros podremos engañar a todos los que nos rodean, pero a Dios no lo podemos engañar, Él tiene acceso total a nuestro corazón. El Señor se da cuenta de su lucha contra la carne, y es un proceso, pero usted debe estar avanzando en ese proceso, y Dios es misericordioso con la persona débil que está en la lucha de cambiar, más con el mentiroso, el que cree que lo puede engañar, Dios es implacable, Dios es amor, pero también es fuego consumidor.

c) Tribulaciones.

Hechos

14:21 Y después de anunciar el evangelio a aquella ciudad y de hacer muchos discípulos, volvieron a Listra, a Iconio y a Antioquía,

14:22 Confirmando los ánimos de los discípulos, exhortándoles a que permaneciesen en la fe, y diciéndoles: Es necesario que a través de muchas tribulaciones entremos en el reino de Dios.

Problemas, aflicciones, tristezas también son requisitos para poder entrar en el reino de los cielos. Pero ¿los que más sufren están seguros de entrar al reino? O ¿los que menos tienen? NO; es aquel que toma su cruz y se niega a sí mismo, que niega su ego, su propio beneficio, comodidad, fiel es Dios que nos hará soportar el día malo, y esto no se refiere a hacerlo por penitencia, sino por actitud. Habrá momentos de desesperación que nos lleven a sentir que no podemos, pero si buscamos al Espíritu Santo y leemos su palabra nuestras fuerzas se renuevan, día a día.

Hacerse como niño es hacerse justo; hacerse justo es hacerse como niño. Los sentimientos, pensamientos y acciones de los niños y las niñas son profundamente transparentes. No es posible, por tanto, comprender, ni imaginarse, ni soñar, ni creer, ni entrar en el reino de Dios, si no nos hacemos como los niños y personas profundamente transparentes en sus pensamientos, sentimientos y acciones.

La importancia de los niños para Dios

Era el reconocimiento que hacía el mundo en cuanto a la consideración e importancia que tienen los niños en nuestra sociedad, los cuales como es sabido, muchas veces son maltratados, ignorados, no respetados y mirados en menos. Sin embargo, mucho antes de que la Asamblea de las Naciones Unidas en la ciudad de new york hiciera este importante reconocimiento en pleno siglo XX, hace como 2.000 años atrás alguien ya había dejado en claro lo importante que son los niños, estamos hablando de nuestro señor Jesucristo.

Veamos entonces 7 puntos en los cuales queda demostrada la importancia que tienen los niños para Dios según la Biblia:

1.- De los niños es el reino de Dios

Y le presentaban niños para que los tocase; y los discípulos reprendían a los que los presentaban. Viéndolo Jesús, se indignó, y les dijo: Dejad a los niños venir a mí, y no se lo impidáis; porque de los tales es el reino de Dios. De cierto os digo, que el que no reciba el reino de Dios como un niño, no entrará en él.

Y tomándolos en los brazos, poniendo las manos sobre ellos, los bendecía." (Marcos 10:13-16)

De los niños es el reino de Dios ya que los niños son seres puros que no tienen pecado porque no tienen discernimiento ni conocimiento acerca del bien o del mal, al igual que Adán y Eva en el paraíso antes de su caída; lo cual los hace tener el camino libre hacia el cielo. Esto también quiere decir que no necesitan de arrepentimiento, por lo tanto, no requieren de bautismo. Al respecto muchas personas se preguntan acerca del destino eterno de los niños que mueren sin el bautismo que propicia el catolicismo romano u otras iglesias o sectas… sin embargo, debemos de hacer caso a lo que dice la Biblia, y es clara al señalar que "el alma que pecare, esa morirá" (Ezequiel 18:20). Por lo tanto, si un niño fallece, su destino eterno es el cielo por cuanto de él es el reino de Dios. Ahora hay niños y jóvenes que ya saben mentir y distinguir entre lo malo y lo bueno ellos necesitan arrepentirse de sus pecados y aceptar a cristo como su salvador El bautismo y arrepentimiento es para pecadores, o sea, gente adulta como nosotros que pueden discernir entre el bien y el mal.

2.- Recibir y atender a un niño es como si se tratase a nuestro señor Jesús: Y cualquiera que reciba en mi nombre a un niño como este, a mí me recibe." (Mateo 18:5) No solamente debemos de ser atentos con el pastor, o líderes de la iglesia u otro personaje "importante" para nosotros, sino que Dios nos da a entender que un niño merece el mismo recibimiento como si se tratase de Él mismo.

3.- Dura advertencia para los que hagan tropezar a uno de estos pequeños que creen en Jesús:

Y cualquiera que haga tropezar a alguno de estos pequeños que creen en mí, mejor le fuera que se le colgase al cuello una piedra de molino de asno, y que se le hundiese en lo profundo del mar." (Mateo 18:6)

El texto está más que claro. Si tú que has llegado a leer estas líneas no crees en Dios, quédate con tu fe para ti mismo si así lo quieres, pero a un niño mejor déjalo en paz. Nos habla también de aquel niño en la fe, el recién convertido que cree en el señor con todo su corazón y se le haga caer en pecado o desviarlo de lo que ha creído también tendrá castigo ya que ha hecho caer a un pequeño en la fe.

4.- Jesús manda a no despreciar a los niños:

Mirad que no menospreciéis a uno de estos pequeños; porque os digo que sus ángeles en los cielos ven siempre el rostro de mi Padre que está en los cielos." (Mateo 18:10)

Cuantas veces los niños son despreciados, poco atendidos, poco escuchados... simplemente, no tomados en cuenta, ni aún por sus propios padres. Sin embargo, un niño ¡tiene ángeles que ven el rostro de Dios.

5.- Jesús dijo que tenemos que ser como niños para entrar en su reino

Y dijo: De cierto os digo, que, si no os volvéis y os hacéis como niños, no entraréis en el reino de los cielos." (Mateo 18:3). Si no nos volvemos y hacemos como niños

– en cuanto a su humildad, fe y malicia – no podremos entrar al reino de los cielos, ya que estas cualidades que tienen los niños son indispensables para la vida cristiana.

6.- Dios escucha la alabanza de los niños

Pero los principales sacerdotes y los escribas, viendo las maravillas que hacía, y a los muchachos aclamando en el templo y diciendo: ¡Hosanna al Hijo de David! Se indignaron, y le dijeron: ¿Oyes lo que éstos dicen? Y Jesús les dijo: Sí; ¿nunca leísteis: ¿De la boca de los niños y de los que maman perfeccionaste la alabanza?" (Mateo 21:15-16). De la boca de los niños se perfecciona la alabanza a Dios. Ningún famoso cantante cristiano se puede igualar a un niño. El cántico de alabanza de un niño, que puede molestar a algunos adultos, es escuchado con mucha complacencia y atención allá arriba en los cielos. hoy en dia tenemos muchos cantantes cristianos famosos, coros de iglesia y grupos de alabanzas que cantan para agradar a la iglesia y a mucha gente, y para que sus discos se vendan, pero Dios no recibe esa alabanza, porque la alabanza tiene que cantarse de corazón, humildad, Fe, mansedumbre, y ungida con el Espiritu Santo y tiene una verdadera relación con Dios.

7.- Un niño puede ser llamado por Dios para ejercer un ministerio.

Vino, pues, palabra de Jehová a mí el profeta Jeremías, diciendo: Antes que te formase en el vientre te conocí, y antes que nacieses te santifiqué, te di por profeta a las naciones. Y yo dije: ¡Ah! ¡Ah, Señor Jehová! He aquí, no sé hablar, porque soy niño. Y me dijo Jehová: No digas: Soy un niño; porque a todo lo que te envíe irás tú, y dirás todo lo que te mande. No temas delante de ellos, porque contigo estoy para librarte, dice Jehová." (Jeremías 1:4-8). Un niño también puede ser tomado en cuenta para ejercer un ministerio "de grandes" como el complejo ministerio de la profecía. Jeremías fue usado por Dios para ser profeta, aun siendo un niño que no conocía mucho ni tampoco sabía hablar muy bien.

Relación del Crecimiento Espiritual del cristiano y el crecimiento de un niño.

a) Las necesidades básicas de los niños.
Las personas tienen seis niveles de necesidades básicas. Estas necesidades siguen presentes durante toda la vida.

Todos podemos esforzarnos para satisfacer nuestras necesidades y las de nuestros hijos. Todos tenemos necesidades básicas que debemos satisfacer antes de poder concretar nuestros sueños. Hasta que nuestros hijos puedan satisfacer sus propias necesidades, debemos satisfacerlas por ellos. También debemos ayudarlos a que aprendan a cuidarse por sí mismos.recuerda que nosotros como padres queremos que nuestros hijos crezcan, que aprendan como comportarce en la vida que estudien y lleguen a graduarce de la universidad y lo mas importante que crezcan en Fe en nuestro señor Jesucristo, que padre no decearia eso que sus hijos sean alguien en la vida, Dios es nuestro padre y asi como nosotros queremos lo mejor para nuestros hijos, Dios quiere lo mejor para nosotros al crecer en la gracia y conocimiento espiritual en nuestra vida recuerda que Dios te ama como a la la niña de sus ojos, eres muy especial en sus manos y el tiene planes de bien y no de mal para ti. Asi que aprende a crecer y crece bien Dios te ayuda.

Existen seis niveles de necesidades básicas que se deben satisfacer antes de que las personas puedan alcanzar la meta final que les permita establecer sus objetivos personales y ser independientes.

Cada nivel de necesidad básica se apoya en el siguiente, como los escalones de una pirámide. Si no se satisfacen las necesidades de un nivel, puede llegar a ser muy difícil que se satisfagan las necesidades del nivel siguiente.

Todas estas necesidades siguen presentes durante toda la vida. Por lo tanto, es posible que algunas personas necesiten toda una vida para llegar a la cima de la pirámide, ser independientes y establecer sus propios objetivos. Algunos de nosotros nunca lo logramos. Se requiere mucha paciencia, buena comunicación, mucho amor y confianza. No hay garantías fuera de la voluntad de Dios. Porque todos cometemos errores. Incluso hasta los mejores padres deben estar preparados para las decepciones con hijos que se van de la casa. Pero cuanto más nos esforcemos por satisfacer las necesidades básicas de nuestros hijos, e inculcarles la fe en nuestro señor Jesucristo entonces solo así habrá más probabilidades de que alcancen su máximo potencial. Esa es nuestra misión.

Proverbios 22:6 instruye al niño en su camino, y aun cuando fuere viejo no se apartará de él.

b) "Siendo como Niños"

"Y llamando Jesús a un niño, lo puso en medio de ellos, y dijo: De cierto os digo, que, si no os volvéis y os hacéis como niños, no entraréis en el reino de los cielos. Así que, cualquiera que se humille como este niño, ése es el mayor en el reino de los cielos". (Mateo 18:2- condición que Jesús nos dio para poder entrar al reino de los cielos, es ser como niños, es ser como niños, pero veamos con cuidado la recomendación de Jesús:

c) "Cualquiera que se humille como este niño"

¿Qué quiere decir esto? No es solamente volverse como un niño, esto lo he escuchado a muchos predicadores, sino esto último: "cualquiera que se humille como este niño"

En las enseñanzas bíblicas nos indican que se trata de nuestro comportamiento y que deberíamos actuar como si fuéramos niños, obedientes, sinceros, juguetones, gritones, inquietos, pero no es esa la verdadera acepción de la palabra, lo que Jesucristo nos está diciendo es que debemos ser humillados como el niño. Todos sabemos cómo a los niños se les humilla constantemente. Los niños por ser más pequeños de estatura también son tratados como si fueran menos que los adultos, se les vive regañando, dirigiendo, amonestando y sancionándolos, los niños son objeto muchas veces de nuestro blanco para descargar sobre ellos nuestra ira, nuestro enojo, y también nuestro amor y ternura, pues Jesús nos recomienda que nosotros seamos niños para poder entrar en el reino de los cielos.

En esto de ser como niños, está incluida la negación a sí mismo, todos sabemos muy bien que los niños no poseen una identidad individual sino que son reconocidos como el hijo de papá o de mamá, pero nunca un niño posee un carnet de identificación como si fuera un adulto, prácticamente al niño se le niega su propia identidad y por razones obvias él no puede entablar negociaciones o demandas por no tener ese derecho, pues así es que debemos ser nosotros, nuestro único camino es ser hijos de Dios y como tales le corresponde a Dios actuar como nuestro Padre celestial.

De allí aquello que la Biblia nos habla de que le pidamos a Dios todo lo que nos haga falta y que el suplirá, que El será nuestro proveedor, nuestro auxilio y nuestra esperanza. Si nosotros no asumimos ese papel como niños hijos menores de edad, Dios difícilmente escuchará o atenderá nuestras peticiones. Lo dice su palabra: "De cierto os digo, que, si no os volvéis y os hacéis como niños, no entraréis en el reino de los cielos"

¿Podemos comprender este mandato? ¿Estamos listos para ser obedientes a Dios? Es un tanto difícil para el adulto cristiano comportarse como un niño delante de Dios, el hombre está acostumbrado por la sociedad misma, en el hogar y aun en la iglesia a comportarse como adulto, a ser responsable, trabajador, honesto, sincero, pero no a ser como niño, es una orden de Dios: "De cierto os digo, que si no os volvéis y os hacéis como niños, no entraréis en el reino de los cielos" Y cuando Dios dice no entrareis, significa que no entrareis y no hay puerta alterna o camino adicional para entrar, sencillamente no entraréis y seréis como Moisés viendo desde lejos la tierra prometida por haber sido desobediente a Dios.

Nuestra actitud no sólo debe ser infantil como uno sencillo, inocente y santo, sino también como quien se humilla a si mismo perdiendo su identidad, no olvidemos aquellas palabras de Jesús cuando dijo: "Si alguno quiere venir en pos de mí, niéguese a sí mismo, y tome su cruz, y sígame.

d) "recibir el reino de Dios como un niño"

Un día trajeron algunos niños a Jesús para que los bendijera. Los discípulos se opusieron. Jesús se indignó y les ordena que dejen a los niños venir a él. Después les dice: Quien no acoja el reino de Dios como un niño no entrará en él. (Marcos 10, 13-16).

Es útil recordar lo que Jesús había dicho Anteriormente a esos mismos discípulos: Se os ha comunicado el misterio del reino de Dios (Marcos 4,

11). A causa del reino de Dios, los discípulos lo han dejado todo para seguir a Jesús. Buscan la presencia de Dios, quieren formar parte de su reino. Pero he aquí que Jesús les advierte que, al repeler a los niños, están cerrando la única puerta para entrar en ese reino de Dios tan deseado.

¿Qué significa entonces recibir el reino de Dios como un niño? Comprendemos generalmente: recibir el reino de Dios como un niño lo recibe. Ello corresponde a una palabra de Jesús en el evangelio de Mateo: Si no cambiáis y no os hacéis como los niños no entraréis en el reino de los cielos. (Mateo 18:3)

Un niño confía sin reflexionar. No puede vivir sin confiar en quienes le rodean. Su confianza no tiene nada de virtuoso, es una realidad vital. Para encontrar a Dios, de lo que mejor disponemos es de nuestro corazón de niño que es espontáneamente abierto, se atreve a pedir sencillamente, quiere ser amado. Pero podemos comprender también: que el recibir el reino de Dios, al igual que recibimos a un niño. Acoger un niño, es acoger una promesa. Un niño crece y se desarrolla. Es así que el reino de Dios nunca será en la tierra una realidad concluida, sino una promesa, una dinámica y un crecimiento inacabado. Y los niños son imprevisibles. En el relato del Evangelio, vienen cuando vienen, y con toda evidencia no es el buen momento según los discípulos. Pero Jesús insiste en que hay que acogerles porque están ahí. Asimismo, hemos de acoger la presencia de Dios cuando se presente, en el buen o en el mal momento. Acoger el reino de Dios como se acoge un niño es velar y orar para recibirle cuando venga, siempre al improvisto, a tiempo o a destiempo.

TONY CHEVEZ

e) El Crecimiento Espiritual y Crecimiento Físico de un Niño.

El nacimiento y el crecimiento físicos no son idénticos al nacimiento y el crecimiento espiritual. Existen dos esferas de desarrollo del ser humano, una la física y otra la espiritual. En ésta última existe una primera etapa que va desde la niñez hasta la edad de discernimiento; luego la que se extiende desde la adolescencia o juventud hasta la edad de la actividad intelectual independiente: por último, la de la madurez o plenitud, etapa en la cual es posible que el ser humano ofrezca al resto de sus semejantes los frutos de su experiencia.

La diferencia esencial entre el desarrollo físico y el desarrollo espiritual, es que uno es automático y el otro requiere un esfuerzo de la voluntad. El desarrollo físico que no se vea interrumpido por la enfermedad, la desnutrición, o la muerte, se cumple en forma independiente, sin que nosotros nos esforcemos particularmente en ello. Podremos, quizás, acelerarlo mediante el ejercicio físico, etc. pero alcanzará un punto en que logre su fin, y se detendrá automáticamente, así como se había iniciado. Aun cuando es su etapa inicial necesitará de sumos cuidados y los padres deberán alimentar a sus hijos y protegerlos contra múltiples peligros, sin embargo, es la naturaleza por sí misma la que se desarrolla en nosotros, sin nuestra participación.

Frente a esta modalidad del desarrollo corporal, el espíritu difiere esencialmente. Primero, no comienza en un punto tan preciso como lo es el nacimiento físico. Segundo, no se desarrolla automáticamente como lo hace el cuerpo. Tercero, no es el resultado del alimento material, ni tampoco un subproducto del desarrollo físico, sino que tiene su propio alimento, y su propio modo de desarrollo.

A pesar de todo, ambos aspectos del ser humano, el físico y el Espiritual, coinciden en algunos puntos, como por ejemplo su necesidad de ser apoyados por parte de otras personas, y su necesidad de ciertos medios externos; por fin, ambos requieren especial cuidado y protección para lograr el objetivo propuesto. Por otra parte, coinciden en el resultado final, pues cada uno a su manera, tanto el desarrollo físico como el espiritual, plasman nuestra salud y nuestra felicidad.

f) ¿En qué consiste el Desarrollo Espiritual?

Pues bien, la primera distinción del desarrollo espiritual es que no surge en un momento preciso, determinado por factores externos ajenos a nuestra voluntad, por el contrario, su aparición es algo especial, predestinado, y cuyas raíces se encuentran en el interior del ser humano que lo experimenta. Así y todo, uno mismo no sabrá explicar a otros cómo fue este comienzo de su desarrollo espiritual, ni aún se lo podrá explicar a sí mismo durante mucho tiempo.

Sin embargo, es posible comparar tal comienzo con el nacimiento físico, por simple analogía, y a fin de poder concebir menor el cambio extraordinario que produce desde su inicio el desarrollo espiritual.

El desarrollo espiritual, por sobre todas las cosas, requiere de nuestra parte un esfuerzo consciente, perseverante, y debido a ello quedan comprometidos dos niveles de nuestro ser, uno el racional y otro el emocional. Sin una movilización de estos dos niveles no podrá existir nunca ningún desarrollo espiritual. Pero esto exige de nosotros, lógicamente, algo mucho más serio que el simple deseo.

En primer lugar, debemos convencernos de que ese esfuerzo es necesario y que en él consiste nuestra felicidad; en segundo lugar, debemos comprometernos emocionalmente con ese esfuerzo, es decir con un anhelo ferviente, que por analogía debe ser como el deseo de comida para el que está hambriento. Y de este modo entran a tener un rol destacado el intelecto, primero, y la psiquis, en segundo lugar, ambas cosas íntimamente relacionadas entre sí. Todo nuestro ser se moviliza al mismo tiempo y es sacudido por un viento purificante.

Por último, afirmamos antes que el desarrollo espiritual tiene su propio alimento, y que no se produce como resultado de haber completado el desarrollo físico. Debemos, pues tener la suerte de poder conseguir el alimento espiritual, lo cual implica también cosas muy serias, como por ejemplo la autenticidad del alimento, que no sea adulterado nocivo, y en lugar de resultar beneficioso nos resulte un veneno. Esto plantea una serie de cuestiones, entre ellas estas, la de qué tipo de alimento necesitamos nosotros, de acuerdo a nuestra condición intelectual y psíquica; dónde encontrarlo; como asimilarlo.

Los dos factores comprometidos, el intelecto y la emoción, deben tomar cada uno su puesto, por lo que será necesario que predomine el intelecto sobre la emoción. La mayoría de las personas que son impulsadas exclusivamente por la emoción se frustran en su intento de desarrollo espiritual, esto sin contar que los "emocionalitas" exclusivos no llegan nunca ni siquiera a vislumbrarlo, nunca realizarán una experiencia como la del nacimiento espiritual.

En el extremo opuesto, y tan negativo como lo anterior, o poco menos están lo que exclusivamente se limitan al intelecto para acceder al desarrollo espiritual. Este tipo de personas las "intelectualistas", en realidad se verá también frustrada en su intento, aunque ellos presentan dos sectores, uno el de los que reconocen la importancia y la necesidad del factor emocional y se abstienen de comprometerse con él. ¿El factor emocional que participa del desarrollo espiritual?, ¿en qué consiste?

En primer lugar, significa reconocer la necesidad de un trabajo de auto purificación, y que el ego es el enemigo del desarrollo espiritual; en segundo lugar, reconocer que existen determinadas prácticas que producen el desarrollo espiritual además del conocimiento teórico, pues dichas prácticas sirven a la auto purificación; tercero, consiste en someterse a dichas prácticas con toda humildad y descendiendo del trono de la auto glorificación personal. En consecuencia, deberemos someternos a las enseñanzas y directivas de otros, venciendo nuestra propia soberbia. Esto es lo más importante para alguien que busca el desarrollo espiritual, de lo contrario no habrá en adelante otra cosa para él que su propio desvío.

Si nosotros comenzamos el camino de desarrollo espiritual y no hemos resuelto nuestras dudas principales, éstas resurgirán en cualquier momento del camino, como un salteador que nos puede despojar de lo que hemos logrado hasta ese momento, o que en el peor de los casos nos puede asesinar. La duda, la vacilación, el malestar interior respecto de una idea son todas emociones que se "mueven en el corazón", y representan, en definitiva, una inestabilidad emocional que perturba al intelecto. Habrá pues dos fuentes del malestar interior una emocional y otra intelectual ¿por cuál de ellas debemos comenzar nuestra tarea de desarrollo espiritual, limpiando nuestro corazón y descubriendo su realidad?

Debemos estar seguros de que existe algo superior en nosotros, de bien que contenemos, no por obra de nuestras manos, ni por una distinción que sin esfuerzo alguno hemos recibido, sino que por ser reflejo de lo divino, en nuestra dimensión humana. El espíritu reside en nosotros, somos el templo y morada del Señor, nuestro Espíritu es Su Soplo. Contrapesando esto tenemos conciencia de ser imperfectos y de que caemos en el mal con frecuencia. Pero esta conciencia no es negativa por sí misma, mientras la sepamos aprovechar. Quien no experimenta conciencia de su imperfección no será nunca un creyente. En conclusión, el desarrollo espiritual se basa principalmente en el esfuerzo de la voluntad. Para realizarla ese esfuerzo debemos estar convencidos, tal como el enfermo para administrarse el medicamento debe estar previamente convencido de la necesidad de curación, convencidos de que podemos llegar a la felicidad, y que ella es nuestra meta en la vida. Quien no crea en la felicidad nunca hará el esfuerzo y no podrá nunca desarrollarse espiritualmente. ¿Qué es un cristiano maduro? Podemos definir un cristiano maduro como uno que manifiesta el fruto del Espíritu Santo en su vida. Gálatas 5:22-23 nos dice que: "...el fruto del Espíritu es amor, gozo, paz, paciencia, benignidad, bondad, fe, mansedumbre, templanza". Cada una de estas características del fruto tiene que ver con el carácter del cristiano transformado por el poder del Espíritu Santo y se manifiestan en la forma en que hablamos, actuamos, servimos a Dios, cómo tratamos a nuestros hermanos y al prójimo.

Las primeras etapas en el crecimiento y desarrollo espiritual del cristiano, hemos visto que es el crecimiento espiritual es similar al crecimiento físico, porque en la medida que crecemos también maduramos y la madurez trae consigo responsabilidades. Todo cristiano debe aspirar a crecer en madurez y perfección hasta que Cristo llene totalmente nuestra existencia.

1. Etapas de nuestro crecimiento es la de "Bréfos" o Bebes espirituales.
2. La segunda etapa en el crecimiento es la de "Népios" o párvulos espirituales.

3. La tercera etapa en el crecimiento es la de "Tekníon" o niños pequeños espirituales.
4. La cuarta etapa en el crecimiento es la de "Paidárion" o muchachos espirituales.

Aunque hasta aquí hemos logrado avanzar en el crecimiento espiritual no debemos quedarnos estancados. El estancamiento lleva al conformismo y esto es peligroso y contrario al plan de Dios para nuestras vidas, debemos buscar completar el propósito de Dios para nosotros, solo así alcanzaremos la plena satisfacción espiritual.

Mantengamos en mente que el propósito de esta enseñanza es aplicar las actitudes que se manifiestan en los diferentes niveles de madurez física a la madurez espiritual utilizando los ejemplos que encontramos en la Biblia, pero recordemos que la madurez física no es un fiel indicador de madurez espiritual y muchas veces son polos opuestos.

• La etapa de neos o jóvenes espirituales 1 Pedro 5:5

La quinta etapa en el crecimiento espiritual le llamaremos la de "neos" o jóvenes espirituales. La palabra significa: nuevo, joven y juvenil. Un néos es un muchacho que está en transición a ser adulto. Es en este nivel que comienzan a surgir los rasgos del líder que Dios está formando en él, pero la fuerza y los impulsos que le pueden llevar a ser un excelente líder, también le pueden llevar al error si se deja contaminar espiritualmente: por la arrogancia. Esta es la razón que llevó al Apóstol Pedro a aconsejar a los néos a que aprendan a ser sujetos, sumisos y humildes.

El Señor Jesús usó el ejemplo de cómo la fuerza y el sentido de independencia de un néos pueden llevarlo al fracaso (Lucas 15:12-13); también a sentir que ya lo ha alcanzado todo y aferrarse a sus tesoros e ideologías (Mat

19:20-22), pero bajo la correcta formación y dirección ministerial un joven es un instrumento poderoso para la obra y la gloria de Dios como lo fue Timoteo, mientras este continua su crecimiento a la madurez y perfección hasta que Cristo llene totalmente su existencia.

1Timoteo 4:12 Ninguno tenga en poco tu juventud, sino sé ejemplo de los creyentes en palabra, conducta, amor, espíritu, fe y pureza.

- La etapa de "anér" u hombre maduro [1 corintios 13:11]

La Sexta etapa del crecimiento espiritual le llamaremos la de "Anér" u hombre maduro. Esta es la palabra empleada por Pablo para contrastar la diferencia entre la actitud inmadura de un niño y la madurez de un hombre adulto. Pablo dice: "Cuando yo era niño, hablaba como niño, pensaba como niño, juzgaba como niño; más cuando ya fui hombre, dejé lo que era de niño". Si seguimos el orden de su enseñanza, en 1 Corintios 12 Pablo nos habla de los dones del Espíritu y la necesidad de ellos para la correcta edificación de la iglesia que es el cuerpo de Cristo. Luego en 1 Corintios 13 Pablo nos enseña que para la administración de los dones del Espíritu se necesita la madurez que solo puede dar el amor ágape, ese amor que no hace excepción de personas y cuyo propósito no es egoísta, sino la honra de Dios y la edificación del cuerpo. El Señor Jesús nos enseña en Mateo 7:24 y 26, que un hombre espiritualmente maduro es sabio y prudente, por su atención y obediencia a palabra de Dios, mientras que la insujeción a ella es insensatez e inmadurez. En Santiago 1:12 encontramos una bienaventuranza para el hombre maduro o que ha aprendido a soportar y vencer las pruebas y en el Salmo 1:1-3 encontramos algunas características de un hombre maduro y como la bendición de Dios está sobre su productividad. Un Hombre maduro es alguien que sabe ministrar en amor y en obediencia a Dios, es prudente, que sabe gobernar sus acciones y ser productivo en el reino de Dios.

- la etapa de "presbíteros" o anciano | 1 Pedro 5:1

La séptima y última etapa en el crecimiento y madurez espiritual es la de "presbíteros" o ancianos, la palabra se usa en la Biblia para referirse a un anciano en lo físico, pero se aplica como título a los que han alcanzado madurez espiritual. La palabra presbíteros se aplica en la Biblia a los miembros del sanedrín o tribunal judío, a los miembros del concilio eclesiástico y a los ministros del evangelio.

A esto se refiere Efesios 4:13 al decir: "hasta que todos lleguemos a la unidad de la fe y del conocimiento del Hijo de Dios, a un varón perfecto, a la medida de la estatura de la plenitud de Cristo."

No importando nuestra edad física, todos estamos llamados a ser ministros y debemos anhelar el llegar a la madurez espiritual de ancianos.

- Un anciano debe buscar la llenura del Espíritu Santo (Hechos 2:17).
- Un anciano actúa como representante, predicador y embajador del Reino de Dios (2 Corintios 5:20).
- Un anciano es alguien sobrio y prudente (Tito 2:2-3).
- Un anciano está llamado a ministrar a los necesitados (Santiago 5;14).

El Objetivo de este análisis en este libro es que nos demos cuenta que el nuevo nacimiento es tan solamente la primera etapa en nuestra nueva vida espiritual, que aún hay mucho mas a lo cual aspirar, y que el crecimiento espiritual es semejante al crecimiento físico.

Filipenses 3:12-14 No que lo haya alcanzado ya, ni que ya sea perfecto; sino que prosigo, por ver si logro asir aquello para lo cual fui también asido por Cristo Jesús. Hermanos, yo mismo no pretendo haberlo ya alcanzado; pero una cosa hago: olvidando ciertamente lo que queda atrás, y extendiéndome a lo que está delante, prosigo a la meta, al premio del supremo llamamiento de Dios en Cristo Jesús.

1) El crecimiento Espiritual tiene mucha importancia para el creyente cristiano de hoy si quiere tener una vida plena en conocimiento de nuestro señor Jesucristo y poder entrar en el reino de Dios.

2) Los valores cristianos que practican para fortalecer su vida cristiana, bondad, honestidad, solidaridad, amor, humildad, lealtad, justicia, tolerancia, verdad, responsabilidad y amistad.

3) Los creyentes saben que la promesa para alcanzar el Reino de Dios, con La salvación, el arrebatamiento y coherederos del Reino del Dios.

4) Los creyentes y miembros de la iglesia fortalecen su Vida Cristiana a través de los cultos, lectura de la biblia, la escuela dominical, a los devocionales, encuentros de oración, y estudios bíblicos.

5) Existen diferentes formas para fortalecer el crecimiento espiritual. A través de actividades, dentro de la iglesia, como ayunos, evangelizando a los perdidos, alabando a Dios, en todo tiempo recuerda el crecimiento espiritul es un proceso de toda la vida, manifestar menos y menos los frutos de la carne [Galatas 5:22-23]

CONCLUSIONES

- Debemos ir creciendo y conquistando las nuevas etapas de nuestra vida, debemos ser instrumentos para la gloria de Dios, sólo Dios sabe lo glorioso del llamado que hay en sus planes para cada uno de nosotros, debemos continuar hasta llegar a alcanzar aquello para lo cual Dios nos alcanzó.

- Dios Padre espera de quienes profesamos fe en el Señor Jesucristo que testimoniemos lo que afirmamos con nuestras palabras, mediante hechos concretos. Testimonio de vida cristiana es, entonces, llevar a la práctica aquello que predicamos. Tal demostración del cambio se refleja en nuestro interactuar con los demás y para el Crecimiento espiritual.

- Que si estamos fundamentados en las preciosas y fieles verdades sobre las cuales descansa nuestra fe, sin estar buscando o esperando cosas novedosas o soluciones fáciles e inmediatas, para desarrollar nuestra vida espiritual; si no permitimos que nos arrastre todo viento de doctrina, si obtenemos la madurez espiritual.

- No hay excusas para estar llenos de excusas

  Noventa y cinco porcientos de los fracasos vienen de personas que tienen el habito de hacer excusas, usted nunca es una persona fracasada hasta que empieza a culpar a otros por su falta de crecimiento. las excusas para no crecer espiritualmente son las herramientas que usa una persona sin propósito, ni visión para construir grandes monumentos llenos de nada.

Asi que no pongas mas excusas en tu vida y crece espiritualmente no te quedes estancado.

Tenemos que morir a esta naturaleza pecaminosa y dejar que nazca el hombre espiritual que entrara en el reino de los cielos, asi como la semilla de trigo se siembra en la tierra y hasta que muere, nace y crece y da su fruto a su tiempo como esta escrito en juan 12:24 de cierto, de cierto os digo, que si el grano de trigo no cae en la tierra y muere, queda solo; pero si muere, lleva mucho fruto.

- Que nuestras vidas sean edificadas y nuestra fe fortalecida al dedicarnos al conocimiento y proclamación de los cimientos de nuestra fe, mediante el estudio de su santa palabra, la práctica de la oración perseverante, y el servicio a nuestro eterno Salvador con nuestras vidas puestas en el altar del sacrificio vivo, santo, que agrade a Dios cada día que él nos conceda servirle y menguar para que Cristo crezca en nosotros cada día Amén.

INVITACION ESPECIAL

Es posible que hayas leído este libro completo y todavía
no hayas conocido a ese personaje del cual te he
hablado que cambia y transforma las vidas a Jesus.

Recuerda que Dios te ama, mas alla de quien seas, mas alla
de tu pasado. Dios te ama tanto que dio a su único Hijo por
ti. La Biblia dice: para que todo aquel que en El cree, no
se pierda, mas tenga vida eterna. [juan 3:16] lo hermoso es
que, en este instante, y ahí donde te encuentras, tu puedes
comenzar a tener una vida distinta a vivir en el espíritu y
llena de promesas para ti. y al final tener una vida eterna
por siempre con jesus. si quieres recibir ese regalo de vida
eterna en tu vida a jesus en tu vida, repite esta oración
en voz alta, sintiéndola y creyéndola en tu corazón:

Padre celestial: vengo a ti y reconozco que he pecado contra
el cielo y contra ti, reconozco que soy un pecador, en este
momento te recibo como mi único salvador de mi vida, creo
en mi corazón y confieso con mi boca que jesus, tu hijo murió
por mi y que lo resucitaste de entre los muertos, al tercer día y
cambia todo lo que necesites cambiar de mi vida, inscribe mi
nombre en el libro de la vida, te doy gracias por mi salvación
y la recibo por fe. quiero que me llenes del poder del Espiritu
Santo y vivir una vida llena del Espiritu Santo de Dios y
declaro que soy salvo[a] en el nombre de Jesus. AMEN.

BIENVENIDO[A] A LA FAMILIA DE DIOS

Queremos saber si este libro ha bendecido su vida escribanos y mandenos su petición de oración a:

Ministerio el shaddai tiempos finales
12774 wisteria drive
P.O BOX 1996
GERMANTOWN MD 20875